新版

一番やさしい 基本の 日常英会話

CDつき

Betty Palen　松岡美代子

西東社

CONTENTS

①はCDのトラックナンバーです。

PART 1 かんたん便利な基本のフレーズ Basic Phrases

PART 2 あいさつと基本会話 Elements

あいさつ Elements

基本会話 *Elements*

PART 3 日常会話 *Daily Conversation*

電話 *Telephone*

交通 *Traffic*

街で *Town*

買い物 *Shopping*

学校 *School*

食事 *Meal*

招待 *Invitation*

招待される *Invitation*

パーティ *Party*

案内 *Guidance*

相談 *Advice*

緊急 *Emergency*

PART 4 話題 *Topics*

話題 *Topics*

ビジネス *Business*

ビジネス *Business*

音声ダウンロードについて

音声ダウンロードの方法

本書購入特典として、フレーズの音読データを無料でご利用いただけます。
パソコンで下記のURLにアクセスし、ダウンロードしてご利用ください。
http://www.seitosha.co.jp/nichijoeikaiwa.html

※ダウンロードできるのは、圧縮されたファイルです。ダウンロード後は解凍してご利用ください。
※音声ファイルはMP3形式です。Windows Media PlayerやiTunes等の再生ソフトを使って再生してください。
※ご使用の機器やインターネット環境によっては、ダウンロードや再生ができない場合があります。
※本音声データは、一般家庭での私的利用に限って頒布するものです。法律で認められた場合を除き、著作権者に無断で本音声データを改変、複製、放送、配信、転売することは禁じられています。
※本特典（音声データ）は、告知なく配布を中止する場合があります。

音声アプリでも聞ける

本書では、上記のダウンロード音声を、スマートフォン、パソコンなどで使える音声アプリ「audiobook.jp」でも聞くことができます。ご自身の環境に合わせてご利用ください。

① 下記のQRコードか、下記のURLから専用サイトにアクセスしてください。
http://febe.jp/seitosha
② 表示されたページから「audiobook.jp」の登録ページで会員登録してください（無料）。
③ 登録後、①のページに再度アクセスし、シリアルコードの入力欄に「29916」と入力して「送信」をクリックしてください。
④「ライブラリに追加」のボタンをクリックしてください。
⑤ スマートフォンの場合は、アプリ「audiobook.jp」をインストールしてご利用ください。パソコンの場合は『ライブラリ』から音声ファイルをダウンロードしてご利用ください。

※パソコンからでも、iPhoneやAndroidのスマホからでも音声を再生いただけます。
※書籍に表示されているURL以外からアクセスされますと、音声をご利用いただけません。URLの入力間違いにご注意ください。
※ダウンロードについてのお問い合わせ先：info@febe.jp　（受付時間：平日の10時～20時）
※本サービスは、予告なく変更することや終了することがある旨、ご了承ください。

PART 1

かんたん便利な基本のフレーズ

Basic Phrases

かんたん便利な 基本のフレーズ 01

, please.

プリーズ

をください。

単語や文末にカンマとpleaseを置くと「〜をください」「〜をお願いします」とていねいにお願いする表現になります。飲食物の注文時やチケットなどの購入時にとても便利です。また、動詞から始まる命令文の末尾に置くことで、「〜してください」とていねいにお願いすることもできます。

に入れて使える表現

トゥー サンドウィッチーズ
Two sandwiches
サンドイッチを二つください

スリー ティケッツ フォー アダルツ
Three tickets for adults
大人３名分のチケットをお願いします

ア トゥイン ルーム
A twin room
ツインルームでお願いします

ハヴ ア シート
Have a seat
お座りください

ア ラージ シーフード ピッザ
A large seafood pizza
Lサイズのシーフードピザをください

パス ザ ソルト
Pass the salt
塩を取ってください

かんたん便利な 基本のフレーズ 02

Let's [ ] !

[ ] しましょう！

「(一緒に) 〜しましょう」と提案する表現です。Let'sの後ろには動詞の原形を続けます。相手の提案にのるときにも活用でき、Let's do it! (それをやってみましょう！) と返せば、とても前向きな返答になります。「〜しないでおきましょう」と提案するにはLet'sの後ろにnotを入れます。

[ ] に入れて使える表現

イート
eat

食事をしましょう

ハヴ サム ティー
have some tea

お茶をしましょう

スタート
start

始めましょう

テイ カ ブレイク
take a break

ひと休みしましょう

ゴー ホーム
go home

家に帰りましょう

ノッ ゴー アウ
not go out

外出するのはやめましょう

かんたん便利な 基本のフレーズ 03

I like [ ].

[ ] が好きです。

自分の好きなものを伝える表現です。好きなものが数えられる名詞（可算名詞）のときは複数形にしましょう。動詞を入れる際はing形(walking)か動詞の原形の前にtoを入れた形（to walk）にします。また、「～はいいですね」と肯定を表現する際にもよく使われます。

[ ] に入れて使える表現

ドッグズ
dogs
犬が好きです

タイ フード
Thai food
タイ料理が好きです

リーディン ブックス
reading books
読書が好きです

トゥ プレイ ゴルフ
to play golf
ゴルフが好きです

トゥラヴェリング
traveling
旅行が好きです

ユア コウト
your coat
あなたのコートいいですね

かんたん便利な

基本のフレーズ 04

ドゥー　ユー　ハヴ

Do you have ［　　］?

［　　］はありますか？

CD 2

売り物や相手の所持品について尋ねる表現です。 Do you have the time? は直訳すると「時間を持っていますか？」ですが､「今何時ですか？」と尋ねる定番表現です。Do you have everything? は「全て持っていますか？」から転じて、忘れ物がないか確認する表現になります。

［　　］に入れて使える表現

ア　プラン
a plan

予定はありますか

エニー　レコメンデイションズ
any recommendations

おすすめはありますか

サム　ティシューズ
some tissues

ティッシュを持っていますか

ザ　タイム
the time

今何時ですか

ア　スモーラー　サイズ
a smaller size

小さめのサイズのものはありますか

エヴリシング
everything

忘れ物はありませんか

かんたん便利な 基本のフレーズ 05

Where is [ ] ?
（ウェア イズ）

[ ] はどこですか？

場所を尋ねる表現です。後ろに人を表す語句を続けると、その人の居場所を尋ねられます。isに続く名詞が複数形の場合には、Where are ...? にします。旅行先で迷ったときは、地図の行きたい場所を指さして Where is this?「これはどこですか？」と尋ねるとよいでしょう。

[ ] に入れて使える表現

the stadium（ザ ステイディアム）
スタジアムはどこですか

she（シー）
彼女はどこですか

the hospital（ザ ホスピタル）
病院はどこですか

my smartphone（マイ スマートフォーン）
私のスマホはどこですか

the restroom（ザ レストルーム）
トイレはどこですか

this（ディス）
これはどこですか

かんたん便利な
基本のフレーズ 06

Thanks for  !

サンクス フォー

 してくれてありがとう！ CD 3

相手に感謝の気持ちを伝える定番表現です。forの後ろには名詞だけでなく、動詞のing形を続けることもできます。感謝の気持ちを強めたいときは、forの前にso muchを置くことで、気持ちを強調できます。Thank you for ...とすると、ややていねいな表現になります。

に入れて使える表現

リスニング
listening
聞いてくれてありがとう

コーリング
calling
電話してくれてありがとう

ウェイティング
waiting
待っていてくれてありがとう

ヘルピン ミー
helping me
手伝ってくれてありがとう

インヴァイティン ミー
inviting me
招待してくれてありがとう

エヴリシング
everything
いろいろありがとう

かんたん便利な 基本のフレーズ 07

Sorry for  .

□してすみません。

CD 4

謝罪の気持ちを伝えるカジュアルな表現です。I'mを文頭に入れると、ややていねいな表現になります。また、I am deeply sorry for being late.「遅れて本当に申し訳ありません」などとI'mをI amと区切ったり、deeplyなどの副詞を入れると、謝罪の気持ちを強めることができます。

□に入れて使える表現

the mistake
間違えてすみません

doing that
あんなことをしてすみません

my bad English
下手な英語ですみません

rushing you
急がせてすみません

the trouble
迷惑をかけてすみません

bothering you
邪魔してすみません

かんたん便利な 基本のフレーズ 08

How about ?

ハウ アバウト

 はどう？

相手に何かをすすめる表現で、複数ある選択肢のうちの一つを提案するといった場面で使うことが多いです。aboutの後ろに動詞を続ける場合にはing形にします。提案表現は他にも、Why don't we ...?「(一緒に)～しませんか？」やLet's ...「～しましょう」(→ P9) などがあります。

に入れて使える表現

ディナー
dinner
夕食はどう

ウォーキング
walking
歩くのはどう

トゥモロー
tomorrow
明日はどう

ゴーイング アウ
going out
外出するのはどう

ディス ワン
this one
これはどう

ミーティン トゥデイ
meeting today
今日会うのはどう

かんたん便利な
基本のフレーズ 09

アイム ゴウイング トゥ
I'm going to  .

するつもりです。

CD 5

自分の予定を伝える際に使う表現で、その場で思い至ったことではなく、以前から予定していたことを表す際に使います。後ろに動詞の原形を続けることで、さまざまな予定を表すことができます。口語ではよくI'm gonna ...が使われます。gonna（ガナ）はgoing toの短縮形です。

に入れて使える表現

テイク ザ テスト
take the test
その試験を受けるつもりです

テイ カ ホリデイ
take a holiday
休暇を取るつもりです

スキップ ランチ
skip lunch
昼食は抜こうと思っています

アテン ダ フェスティヴァル
attend a festival
お祭りを見に行く予定です

スタディー イングリッシュ
study English
英語を勉強しようと思っています

ミー マイ フレンド
meet my friend
友人に会うつもりです

かんたん便利な 基本のフレーズ 10

キャナイ Can I [ ]?

[ ] してもいいですか？

「～することができますか?」「～してもいいですか?」と相手に尋ねる表現です。誰かに話しかけるときには、Can I talk to you?「お話できますか」と声をかけると、ていねいな印象を与えられるでしょう。許可を求める際にはCould I ...? (クダ イ) とすると、よりていねいになります。

[ ] に入れて使える表現

トライ
try
試せますか

アスク ユー ア フェイヴァー
ask you a favor
お願いを聞いてもらえますか

トーク トゥ ユー
talk to you
お話できますか

ユー ジュア スマートフォーン
use your smartphone
スマホを使わせてもらえますか

テイ カ ピクチャー
take a picture
写真を撮ってもいいですか

ハヴ サム ウォーター
have some water
お水をいただけますか

かんたん便利な
基本のフレーズ 11

Could you  ?

(クッジュー)

□していただけませんか？ 

「～していただけませんか？」と依頼する表現です。例えば、相手の発言が聞き取れなかったとき、Say that again.というより、頭にCould youをつけたほうが「もう一度言っていただけませんか？」とていねいにお願いできます。Can you ...?とすると、ややカジュアルになります。

□に入れて使える表現

wait a minute（ウェイ タ ミニッ）
少しお待ちいただけませんか

make it cheaper（メイ キッ チーパー）
もう少し安くしていただけませんか

say that again（セイ ザッ アゲイン）
もう一度言っていただけませんか

be quiet（ビー クワイエッ）
静かにしていただけませんか

check this（チェック ディス）
これを確認していただけませんか

tell me the reason（テル ミー ザ リーズン）
その理由を教えていただけませんか

かんたん便利な 基本のフレーズ 12

アイドゥ　ライク
I'd like ＿＿.

＿＿が欲しいです。

「～が欲しいです」と自分の希望をていねいに伝える表現です。後ろに欲しいものを続けるだけで、お店などで簡単に注文できます。I'd like to ... として、後ろに動詞の原形を続けると「～したいです」という意味になります。相手に何かをしてほしいときは、toの直前にyouを置きます。

＿＿に入れて使える表現

ディス　ハット
this hat

この帽子が欲しいです

トゥ　メイ　カ　リザヴェイション
to make a reservation

予約がしたいです

ノー　アルコホー　ビア
no-alcohol beer

ノンアルコールビールをお願いします

ユー　トゥ　カム
you to come

あなたに来てもらいたいと思っています

トゥ アスク　サム　クエスチョンズ
to ask some questions

いくつか質問したいです

ユー　トゥ　シー　イッ
you to see it

あなたにそれを見てほしいです

かんたん便利な 基本のフレーズ 13

Would you like ______ ?

ウッジュー ライク

______ が欲しいですか？

相手の希望を尋ねる表現です。レストランなどで食後にWould you like dessert? と尋ねられることがあります。デザートを希望する場合はYes, please.希望しない場合はNo, thanks.と返しましょう。後ろをtoと動詞の原形にすると、「〜したいですか？」という意味になります。

______ に入れて使える表現

dessert（デザート）
デザートはいかがですか

some more（サム モア）
お代わりを希望しますか

a glass of wine（ア グラス オブ ワイン）
ワインを１杯どうですか

to come（トゥ カム）
来たいですか

to hear it（トゥ ヒア イッ）
それを聞きたいですか

to try it（トゥ トライ イッ）
それを試してみたいですか

基本のフレーズ 14

How's [　　　]?（ハウズ）

[　　] はどうですか？

「～はどうですか?」と何かの様子や具合を尋ねる表現です。How's everyone? のように、How'sの後ろに人を表す内容を続けると、「～は元気ですか?」という意味になります。また、過去のことを尋ねたいときにはHow was ...? にします。

[　　]に入れて使える表現

your new job（ユア ニュー ジョッブ）
新しい仕事はどう

the weather in Sapporo（ザ ウェザー イン サッポロ）
札幌の天気はどうですか

your family（ユア ファミリー）
ご家族はいかがですか

everything（エヴリシング）
調子はどう

your married life（ユア マリッ ライフ）
結婚生活はどう

everyone（エヴリワン）
みなさん元気ですか

LET'S TAKE A BREAK

＼たったひと言でネイティブに近づく／

リアクションワード

話を盛り上げたり、共感したり、
会話がスムーズに進む便利な表現を紹介します。
使いこなしてネイティブの会話に近づきましょう！

ポジティブなリアクション

Hooray!（フレーイ）
やったー！

Go for it!（ゴー フォー イッ）
頑張って！

Good for you!（グッ フォー ユー）
よかったね！

Awesome!（オーサム）
すごいね！

That's unbelievable!（ザッツ アンビリーバボー）
信じられない！

ネガティブなリアクション

Oh dear...（オー ディアー）
やれやれ……。

No way!（ノー ウェイ）
ありえない！

Well...（ウェル）
えっと……。

That's too bad.（ザッツ トゥ バッド）
それは残念。

Oh, well.（オー ウェル）
まあ仕方がない。

PART 2 あいさつと基本会話

Elements

左ページの
顔マークつきの文は、
会話形式に
なっています。

基本的なあいさつ

おはよう。
1 **Good morning.**
グッ　モーニング

こんにちは。
2 **Good afternoon.**
グッ　ダフタヌーン

こんばんは。
3 **Good evening.**
グッ　ディブニング

おやすみなさい。
4 **Good night.**
グッ　ナイト

こんにちは。お元気ですか。
5 **Hello. How are you?**
ハロウ　ハウ　ワー　ユー

おかげで元気です。あなたは？
6 **I'm fine, thank you. And you?**
アイム　ファイン　サンキュー　アンデュー

私も元気です。
7 **Fine, thank you.**
ファイン　サンキュー

お元気でいらっしゃいましたか。
8 **How have you been?**
ハウ　ハブ　ユー　ビーン

POINT

いつ使うのか

Good morning　午前中
Good afternoon　午後
Good evening　夕方から午前0時まで
他に、
Hello　(こんにちは)
Hi　(やあ)
は一日中使えます。

相手の名前を添えて

相手の名前がわかっている場合は
Good morning, Mr.Smith.
Hello, Bill.
のようにあいさつの表現のあとに、相手の名前をつけるのが自然です。

How are you? は形式的な表現

How are you? は本当に相手の健康状態を知りたいというより、かたどおりのあいさつと考え、少し調子が悪いと感じる場合でも、Fine, thank you. と答えることもあります。もちろん親しい間柄では、
Not so well. (あまりよくないのです)
と、本当のことをいえばいいでしょう。

その他、親しい間柄で、くだけた表現に、
How are you doing? (元気?)
があります。Hi, John. How are you doing? のように使います。

久しぶりに会ったときの表現

例文8は久しぶりに会って、今までいかがお過ごしでしたかと尋ねる場合に用います。答えるときは、
I've been fine, thank you.
のようにいいます。あるいは、I've been を省略して、Fine, thank you. だけでもかまいません。

季節のあいさつ

新年おめでとう！

1 **Happy New Year!**

ハピイ ニュー イヤー

暖かくなってきました。

2 **It is getting warmer.**

イッティズ ゲッティング ウォーマー

もう春ですね。

3 **Spring is almost here.**

スプリング イズ オールモスト ヒア

私は梅雨が好きではありません。

4 **I don't like the rainy season.**

アイ ドント ライク ザ レイニイ シーズン

蒸し暑いですね。

5 **It's hot and humid, isn't it?**

イッツ ホット アンド ヒューミッド イズンティット

秋らしくなりましたね！

6 **It looks like autumn is here!**

イット ルックス ライク オータム イズ ヒア

楽しいクリスマスを！

7 **Have a Merry Christmas!**

ハブァ メリイ クリスマス

よいお年を！

8 **Happy New Year!**

ハピイ ニュー イヤー

 WORDS [humid] 湿気のある（多い） [look like...] 〜のように思える、〜になりそうだ

POINT

Happy New Year! は二つの意味

Happy New Year! は大晦日あたりから、お正月にかけて交わされるあいさつなので、お正月前には、「よいお年をお迎えください」の意味となり、お正月には「新年おめでとう」の意味となります。

「蒸し暑い」の表現

日本特有の気候である、夏の蒸し暑さを表現するのに例文5があります。humid は湿気のあることだけを表すので、「蒸し暑い」は hot and humid となります。humid の他に、一単語で muggy（蒸し暑い、うっとうしい）もあります。

相手の確認を求める isn't it?

例文5の文の後ろに添えられている isn't it? は「～ですね」と相手に念を押したり、軽く質問したりする場合に用いられ、isn't it?がなくても意味は通じます。例文5のような文章を文法用語で「付加疑問文」といい、他の例として、
You can swim, can't you?（あなたは泳げますよね）
でわかるように、前に来る文章によって、後ろにつけ加える二単語が違ってきます。

初めて会う

はじめまして。

1 **How do you do?**

ハウ ドゥー ユー ドゥー

佐藤と申します。

2 **My name is Sato.**

マイ ネイムィズ サトウ

お会いできてうれしいです。

3 **It's nice to meet you.**

イッツ ナイス トゥー ミーチュー

私もです。

4 **Nice to meet you, too.**

ナイス トゥー ミーチュー トゥー

お会いできてうれしいです。

5 **(I'm) Pleased to meet you.**

アイム プリーズド トゥー ミーチュー

お名前は何とおっしゃいますか?

6 **What is your name?**

ホワッティズ ユア ネイム

もう一度お名前をおっしゃってもらえますか。

7 **Please repeat your name.**

プリーズ リピート ユア ネイム

あなたのことはよく伺っております。

8 **I've heard so much about you.**

アイブ ハード ソー マッチ アバウト ユー

 WORDS [pleased] 満足した、喜んだ

POINT

How do you do?

初対面のときに「はじめまして、よろしく」の意味で交わすあいさつです。人に紹介されて、相手の名前がわかっているときは、How do you do, Mr. Smith? のように名前をつけ加えます。しかし How do you do? は格式ばった感じがするので、気軽な場などでは、**Hello. Nice to meet you.**（お会いできてうれしいです）だけでかまいません。

「はじめまして」の握手

初対面のあいさつを交わすとき、欧米では、たいてい握手をします。女性と男性の場合、厳密にいえば、相手と握手するかしないかは、女性の判断次第なのですが、男性が手を差し出せば、それを無視するのはやはり失礼になるでしょう。握手をするときは、頭を下げる必要はなく、相手の目を見て、しっかりと相手の手を握るようにします。また、紹介を受けている人から自然に手をさしのべるのが普通です。

see ではなく meet

How do you do? に続けていう言葉に It's nice to meet you. / I'm glad to meet you. / I'm pleased to meet you. などがあり、いずれも「お目にかかれてうれしい」という意味になります。このように、初対面では必ず meet を用い、2度目に会ったときからはseeを用いることになります。

紹介する

あの人はどなたですか？

1 **Who is that (person)?**

フー イズ ザット パーソン

私を彼／彼女に紹介してください。

2 **Please introduce me to him / her.**

プリーズ イントロデュース ミー トゥー ヒム ハー

あちらは私の友人の佐藤さんです。

3 **That is my friend, Ms. Sato.**

ザット イズ マイ フレンド ミズ サトウ

自己紹介させてください。

4 **Let me introduce myself.**

レット ミー イントロデュース マイセルフ

あなたを紹介させてください。

5 **Let me introduce you.**

レット ミー イントロデュース ユー

スミスさん、こちらは私の友人の佐藤さんです。

6 **Mr. Smith, this is my friend, Ms. Sato.**

ミスタ スミス ディスィズ マイ フレンド ミズ サトウ

佐藤さん、こちらはスミスさんです。

7 **Ms. Sato, this is Mr. Smith.**

ミズ サトウ ディスィズ ミスタ スミス

あなたを友だちに会わせたいのですが。

8 **I'd like you to meet a friend.**

アイドゥ ライキュー トゥー ミータ フレンド

POINT

紹介のルール

人を紹介するとき、どちらを先に紹介するか決まりがあり、一般的に目下の人を目上の人に、男性を女性に紹介します。

- **女性と男性**：まず女性に男性を紹介します。
- **年配の人と若い人**：まず年配の人に若い人を紹介します。
- **社会的地位の高い人と一般の人**：まず社会的地位が高いと思われる人に対して一般の人を紹介します。
- **家族同伴のとき**：まず自分の家族を他の人に対して紹介します。

名前だけでなく関係も

紹介するとき、名前はゆっくり、はっきりいいます。また誰の友人であるとか、同僚であるといったこともつけ加えると、相手にわかりやすくなります。

敬称の使い方

Mr. は男性に Mrs. は既婚の女性に Miss. は未婚の女性に用います。Ms. は未婚、既婚にかかわらず、すべての女性に使えます。また敬称は名（ファーストネーム）ではなく、姓（ラストネーム）につけます。たとえば、John Smith さんなら Mr. Smith で、Mr. John は間違いです。ただし、紹介するときには Mr. John Smith といえます。しかし、これを呼びかけには使いません。

紹介を受けたら

新たな友人を紹介されたら、紹介を受けた人から、
How do you do, Mr. Smith?（スミスさん、はじめまして）
I'm glad to meet you.（お目にかかれてうれしいです）
と、声をかけます。また、親しくなれば、いつまでもラストネームで呼びあっているのは不自然です。
What should I call you?（なんと呼んだらいいでしょう）
Please call me Takashi.（たかしと呼んでください）
May I call you John?（ジョンと呼んでもいいですか）
と、切り出してみましょう。

別れ際のあいさつ

さようなら。
1 **Goodbye.**
グッバイ

またお会いしましょう。
2 **Hope to see you again.**
ホウプ トゥー シー ユー アゲイン

今度はいつ会えますか？
3 **When will I see you again?**
ホウェン ウィル アイ シー ユー アゲイン

またあとで会いましょう。
4 **See you later.**
シー ユー レイター

そのうちにね。
5 **See you soon.**
シー ユー スーン

またあとでね。
6 **See you around.**
シー ユー アラウンド

よい週末を！
7 **Have a nice weekend!**
ハブァ ナイス ウィーケンド

じゃあね！
8 **Take it easy!**
テイキット イージー

WORDS [around] あたりに、近くに [weekend] 週末

POINT

Goodbye. の他に

さようならの意味で Goodbye. はいつでも誰に対してでも用いられます。しかし、夜別れるときには、日本語でも別れ際におやすみなさいというのと同じく、Good night.（おやすみなさい）になります。他に、気軽な間柄では簡単に、

Bye!
Bye bye.

をよく用います。また少しくだけた感じで、

So long.

もあり、仲間うちなどで使います。目上の人にはやはり Goodbye を用いるべきでしょう。また、つづりでは、Goodbye、Goodby、Good-bye、Good-by いずれも間違いではありません。

See you を使ったいろいろないい方

See you. だけでも「また会いましょう」の意味になりますが（そのときは see を強くいう）、後ろに again（また）、later（あとで）、soon（そのうちに）などを伴ってもよく用います。See you は、I'll see you の略です。例文2も I hope to see you again. の I を省略しています。例文6の See you around. は、学校や会社などで、その日のうちにまたどこかで会うかもしれないときに用います。

また、今度いつ会うかわかっているときは、

See you tomorrow.（また明日ね）
See you on Friday.（また金曜日にね）

のようにも使えます。

Take it easy!

もう一つの意味に「気楽にね、むりしないで」がありますが、例文8のように別れのあいさつとして、親しい間柄で「さようなら、じゃあね」の意味で用いられます。同じように親しみをこめて、

Take care.（気をつけてね）

ということもあります。

偶然会う

やあ！　元気？
1 **Hi! How are you?**
ハイ　ハウ　ワー　ユー

おかげで元気です。あなたは？
2 **I'm fine, thanks. How are you?**
アイム　ファイン　サンクス　ハウ　ワー　ユー

お元気でいらっしゃいましたか？
3 **How have you been?**
ハウ　ハブ　ユー　ビーン

ご家族はお元気ですか？
4 **How is your family?**
ハウ　イズ　ユア　ファミリイ

おかげでみんな元気にしています。
5 **They are doing well, thank you.**
ゼイ　アー　ドゥーイング　ウェル　サンキュー

またお会いできてよかったです。
6 **It was nice seeing you again.**
イット　ワズ　ナイス　シーイング　ユー　アゲイン

またそのうちに会いましょう。
7 **Let's get together soon.**
レッツ　ゲッ　トゥゲザー　スーン

ええ、そうしましょう。
8 **Yes, I'd like that.**
イエス　アイドゥ　ライク　ザット

WORDS [get together] 集まる

POINT

「しばらくぶりです」のいい方

I haven't seen you for ages.（何年もあなたに会っていません）
It's been such a long time since I last saw you.
（あなたに最後に会ってからずいぶん経ちました）
など、どちらも「しばらくぶりです」の意味で用います。

How have you been? と聞かれたら

ひさしぶりで人に会って例文3のように聞かれたときは、
(I've been) fine, thank you. And you?
（おかげで元気でおりました。あなたは?）
と答えます。また会わないでいた間に「何かありましたか」と聞きたいときには、
What's new?
What's up?
といえば、いろいろと話もはずむことでしょう。

あいさつのあとで

偶然人と会って How are you? あるいは How have you been? といったあいさつのあとで、
It's a nice day, isn't it?（今日はいいお天気ですね）
Are you going somewhere?（どこかへお出かけですか）
と続けることもできます。

お礼をいう

ありがとうございます。
1 **Thank you very much.**
サンキュー ベリイ マッチ

どうもありがとう。
2 **Thanks a lot.**
サンクサ ロット

手伝ってくださってありがとう。
3 **Thank you for your help.**
サンキュー フォー ユア ヘルプ

本を貸してくださってありがとう。
4 **Thank you for lending me the book.**
サンキュー フォー レンディング ミー ザ ブック

どういたしまして。
5 **You're welcome.**
ユーアー ウェルカム

どういたしまして／そんなにおっしゃらないでください。
6 **Don't mention it.**
ドント メンショニット

どういたしまして／こちらこそどうも。
7 **It was my pleasure.**
イット ワズ マイ プレジャー

お役に立ててうれしいです。
8 **Glad to be of help.**
グラッ トゥー ビー オブ ヘルプ

 WORDS [**mention**] 話に出す、口に出す [**pleasure**] 楽しみ、喜び

POINT

いろいろな「ありがとう」

Thank you. はお礼をいうとき、最もよく用いられる表現です。Thank you very much. はていねいでどこでも使えます。Thank you so much. は女性がよく用います。気軽な場では Thanks a lot. あるいは Thanks. だけで済ますこともできます。改まっていいたいときには、

I appreciate your help.(助けていただいてありがとうございます)

人から親切を受けたときには、

That's (very) kind of you. (どうもご親切に)

を使います。この表現は、you のあとの to do が略され、口語的ないい方になります。

for でつなぐ

例文3、4のように「～をありがとう」、あるいは「～してくださってありがとう」という場合は、Thank you for... で表します。

Thank you for the present. (プレゼントをありがとう)

Thank you for everything. (いろいろとありがとう)

「どういたしまして」のいろいろないい方

例文5、6、7は、どれもお礼の言葉に対して「どういたしまして」という返答です。例文5はアメリカでよく用いられ、お礼の言葉に対する返答として最も一般的です。省略して Welcome. だけで使うこともあります。イギリスでは、You're welcome. はあまり使われず、

Not at all.

が一般的です。例文6は「そんなにおっしゃらないでください」、「お礼にはおよびません」といった意味で用います。例文7は、

My pleasure.

The pleasure is (all) mine.

と表すこともできます。いずれもお礼の言葉に対して、それが自分にとっても喜びであったようなときに「こちらこそ」の意味で用います。

おわびをいう

ごめんなさい。
1 **I'm sorry.**
アイム ソーリイ

すみません。
2 **Excuse me.**
エクスキューズ ミー

どうぞ許してください。
3 **Please forgive me.**
プリーズ フォギブ ミー

私が悪いのです。
4 **It's my fault.**
イッツ マイ フォルト

だいじょうぶです／気にしないで。
5 **Don't worry about it.**
ドント ウォーリイ アバウティット

だいじょうぶです／かまいません。
6 **That's all right.**
ザッツ オール ライト

そんなにおっしゃらないでください。
7 **Don't mention it.**
ドント メンショニット

いいんですよ。
8 **It's okay.**
イッツ オウケイ

WORDS [**forgive**] 許す、勘弁する [**fault**] あやまち [**worry**] 心配する

POINT

「ごめんなさい」と「ありがとう」を間違えない

日本語ではどちらも「すみません」になりますが、「遅れてきてすみません」と「来ていただいてすみません」では意味が違います。Thank you. というべきところを I'm sorry. といってしまわないように気をつけましょう。

I'm sorry.

「ごめんなさい」、「すみません」の意味でよく用いられます。あやまる気持ちが強いときは very を使って、I'm very sorry. とします。また、**I'm sorry to be late. / I'm sorry I'm late.**(遅れてすみません)のようにも使えます。I'm は省略されることもあります。日本語では「すみません」を何気なく使いますが、I'm sorry. は自分のあやまちを認めることになります。事によっては、あやまちの責任を取らされるかもしれないので、簡単に I'm sorry. といわないほうがよいこともあります。注意しましょう。

軽くあやまるときは Excuse me.

人前を通るとき、人と軽くぶつかったとき、人前でせきやくしゃみをしたときなど、「すみません」、「失礼しました（します）」の意味で用います。また、何か人に話しかけるとき、注意をこちらに向けさせるためにも用います。Excuse me. と同じように軽い謝罪に用いるものに、Pardon me. があります。ただし、この表現は最後を上げていうと、「何ですって」と聞き返す言葉になってしまいます。

おわびの言葉に対する返答

例文5、6、7、8はおわびの言葉に対する返答で、どれも「だいじょうぶですよ」、「いいんですよ」という意味で用います。例文5は Don't worry. だけでもかまいません。Don't mention it. はお礼とおわびの両方の返答に使えます。他に、
I'm fine.（わたしはだいじょうぶです）
No problem.（問題ありません）
も、おわびの返答として同様に使えます。

お祝いをいう

1 おめでとう！
Congratulations!
コングラッチュレイションズ

2 誕生日おめでとう！
Happy Birthday!
ハピイ バースデイ

3 就職おめでとう！
Congratulations on your new job!
コングラッチュレイションズ オン ユア ニュー ジョブ

4 ご出産おめでとう！
Congratulations on your new baby!
コングラッチュレイションズ オン ユア ニュー ベイビイ

5 ご結婚されるそうですね！
I heard you're getting married!
アイ ハード ユーアー ゲッティング マリード

6 うれしいでしょうね！
You must be pleased!
ユー マスト ビー プリーズド

7 私もうれしいですよ！
I'm so happy for you!
アイム ソー ハピイ フォー ユー

8 がんばって！
Good luck!
グッド ラック

WORDS [**congratulations**] 祝いの言葉 [**married**] 結婚した [**job**] 仕事、職業

POINT

Congratulations! の意味

Congratulations! は努力して勝ち取ったよい結果に対して「よくやったね」と祝う言葉です。そういう意味で、結婚式には新郎に対してCongratulations! を用いても、新婦に対してはあまり用いないほうがよいようです。努力してやっと結婚相手をつかまえたと取れるからです。新婦には、
My best wishes for your happiness.（どうぞお幸せに）
といってあげましょう。

「おめでとう」の返答

Congratulations! や Happy Birthday! といわれたときは、
Thank you.
と答えればよいでしょう。

その他の表現

Congratulations on your...! を使って「〜、おめでとう」のいろいろな表現ができます。your のあと入る語句には次のような例が考えられます。
promotion（昇進）、engagement（婚約）、success in the entrance examination（入試の合格）

相づちを打つ

ほんとう。
1 **Really?**
リアリイ♪

なるほど。
2 **I see.**
アイ　シー

わかりました。
3 **I understand.**
アイ　アンダスタンド

そのとおりです。
4 **That's right.**
ザッツ　ライト

そうですか。
5 **Is that so?**
イズ　ザット　ソウ♪

そう思います。
6 **I think so.**
アイ　スィンク　ソウ

そうだといいですね。
7 **I hope so.**
アイ　ホープ　ソウ

そうですね。
8 **I agree.**
アイ　アグリー

 WORDS [agree] 同意する、賛成する

POINT

最も普通の相づちI see.

相手の話を聞いているときに「なるほど」、「そうですか」という意味で、最もよく用いられる相づちが、I see. です。やっと相手の話が理解できたというようなときには、I のほうに力を入れて強くいいます。この場合は、see を understand に替えていうこともできます。

Really? はいい方の調子に気をつけて

例文1、5は、相手の話で意外に思ったり驚いたりしたときに、軽く上げていうか、下げ調子でいいます。Is that right? も同様です。日本語の「ほんとう」、「そうですか」と同じく、最後をかなり強く上げていえば、Really? は相手の言葉を疑っているようにも聞こえ、Is that so? のほうは「そうなのですか」と尋ねているようにもなります。

相手に同意する相づち

相手の話に「私もそう思います」と同意を示すのが、例文6、8です。「～さんに同感です」といいたいときは、I agree with... で表します。

相手に否定的な相づち

相手に賛成できないとき、例文6を否定形に、例文8は反意語を用いて、I don't think so.（そうは思いません） I disagree.（不賛成です）といいます。ていねいにいいたければ
I'm afraid not.（そうではないと思います）
にします。はっきりと不賛成ではなく、「どうでしょうか」、「よくわかりません」ぐらいにしたいときは、
I don't know about that.（それについてはわかりません）
I'm not sure about it.（それについては確かではありません）
といえばよいでしょう。また、相手のいっていることが事実と違っているときには、doubt（疑う）を用いた表現や、下のような文が使えます。
I doubt it.（そうじゃないと思います）
Not at all.（全然違います）
It can't be true.（本当のはずがありません）

聞き取れなかった

もう一度おっしゃってもらえますか？

1 **I beg your pardon?**

アイ　ベグ　ユア　パードン↗

すみません。もう一度いってください。

2 **Excuse me. Please repeat it again.**

エクスキューズ　ミー　プリーズ　リピーティッタゲイン

14といったのですか？

3 **Did you say fourteen?**

ディッジュー　セイ　フォーティーン↗

いいえ、40です。

4 **No, I said forty.**

ノー　アイ　セッド　フォーティ

何とおっしゃいましたか？

5 **What did you say?**

ホワット　ディッジュー　セイ

つづりをいってもらえますか？

6 **Could you spell it for me?**

クッジュー　スペリット　フォー　ミー↗

書いてもらえますか。

7 **Please write it down for me.**

プリーズ　ライティット　ダウン　フォー　ミー

もう一度、お願いします。

8 **Once again, please.**

ワンサゲイン　プリーズ

WORDS [repeat] 繰り返す　[beg] 頼む　[pardon] 許し　[spell] つづる、つづりをいう

POINT

I beg your pardon? はイントネーションに注意

話の途中で、わからないところがあれば、わかったふりをしないで思いきって聞き返すほうが、会話がうまくいきます。I beg your pardon?は日本語の「恐れ入りますがもう一度おっしゃっていただけますか」にあたる、ていねいな聞き返しの表現です。ただし、気をつけたいのは、最後を下げていうと「申し訳ありません」とあやまっていることになるので、必ず最後を上げていうことです。

その他の聞き返すいい方

I beg your pardon? は、

Beg your pardon?

Pardon me?

Pardon?

など短くしていうこともできます。他に、

Sorry?

Excuse me?

を使うこともできます。いずれも必ず最後を上げていいましょう。

I'm sorry, I didn't catch what you said.

(ごめんなさい、あなたのおっしゃることが聞き取れませんでした)

といういい方もできます。

You said what? (何ていったの?)

You went to where? (どこへ行ったって?)

上のように、聞き取れなかった部分へ、what、who、when、where などの疑問詞を入れて聞き返すこともできます。

ていねいな聞き返し方

例文2をよりていねいな表現にすると、

Would you mind repeating that?

(もう一度おっしゃっていただけますか)

となります。例文2の it は that でもよく、again は repeat にその意味が含まれるので、なくてもかまいません。

いっていることがわからない

1 どういう意味ですか？
What does that mean?
ホワット ダズ ザット ミーン

2 わかりません。
I can't understand you.
アイ キャント アンダスタンジュー

3 あなたのいいたいことがわかりません。
I don't understand what you want.
アイ ドント アンダスタンド ホワッチュー ウォント

4 何をいおうとしているのですか？
What are you trying to say?
ホワッター ユー トライング トゥー セイ

5 私のいっていることがわかりますか？
Do you understand what I'm saying?
ドゥー ユー アンダスタンド ホワッタイム セイング⤴

6 意味がわかりますか？
Do you understand the meaning?
ドゥー ユー アンダスタンド ザ ミーニング⤴

7 もう一度説明してください。
Please explain it again.
プリーズ イクスプレイニッタゲイン

8 英語はあまり話せません。
I can't speak English very well.
アイ キャント スピーク イングリッシュ ベリィ ウェル

WORDS [meaning] 意味、意義 [explain] 説明する

POINT

mean を使って

相手のいっていることがよく理解できず、もう少し説明してほしいと思うときは、mean（意味する）を用いて例文1のように尋ねます。この that は相手のいっていることを指しています。that を主語にしないで、

What do you mean (by that)?

としても「それはどういう意味ですか」ということで同様に使えます。by that はつけなくても意味は通じます。

聞き取れたかどうか確認する

自分のしゃべっていることが相手に伝わっているのかどうか、心配になったときには、会話の途中で例文5や6の他に、

Do you understand?（わかりますか）

Do you understand what I mean?

（私のいいたいことがわかりますか）

と、問い返してみましょう。

慰(なぐさ)めをいう

それはお気の毒ですね。

1 **I'm sorry to hear that.**

アイム ソーリイ トゥー ヒア ザット

お気持ちはよくわかります。

2 **I know how you feel.**

アイ ノウ ハウ ユー フィール

よくなるといいですね。

3 **Hope you will feel better.**

ホウプ ユー ウィル フィール ベター

事がうまくいくといいですね。

4 **I hope things will work out.**

アイ ホウプ スィングス ウィル ワーカウト

心配しないで。私はだいじょうぶです。

5 **Don't worry. I'm fine.**

ドント ウォーリイ アイム ファイン

心配してくださってありがとう。

6 **Thank you for caring.**

サンキュー フォー ケアリング

お体を大切にね。

7 **Take care of yourself.**

テイク ケア オブ ユアセルフ

お手伝いできることがあれば知らせてください。

8 **Let me know if I can help you.**

レット ミー ノウ イフ アイ キャン ヘルピュー

WORDS [feel] 感じる [care] 心配する [work out] うまくいく、成就する

POINT

悪い知らせを聞いたとき

相手から何か悪いこと、よくないことを聞いたときの決まり文句に、例文1があります。これは「それはお気の毒ですね」、「それはいけませんね」といった意味です。他に、
That's a shame.（それは残念ですね）
といってもよいでしょう。逆に、よい知らせを聞いたときには、sorry（残念で）をglad（喜んで）に変えて、
I'm glad to hear that.
That's good.
といいます。どちらも「それはよかったですね」の意味です。

お悔やみの表現

悪い知らせのなかでも、誰かが亡くなったという場合には、I'm sorry to hear that. やThat's a shame. ではなく、
Please accept my condolences.（お悔やみを申し上げます）
といいます。

慰めを受けたときに

人から慰めてもらったときの返答が、例文5、6です。他に、
Sorry to worry you.（心配かけてすみません）
も同じように使えます。

一声かけてあげたいときに

気分が落ち込んでいたり、何かトラブルにあっている人に「だいじょうぶ?」と声をかけたいときには、
Are you all right?（だいじょうぶですか）
と、語尾を上げていいます。例文8はもっと積極的に手を差しのべたいときに用います。他にも、下のような例があります。意味は同じです。
Do you need any help?(何かお手伝いできることはありませんか)
Would you like any help?
Is there anything I can do for you?

意見をいう（賛成）

私は彼に電話したほうがいいと思います。
1 **I think we should call him.**
アイ スィンク ウイ シュッド コール ヒム

賛成です。
2 **I agree.**
アイ アグリー

あなたはどうですか？
3 **How about you?**
ハウ アバウト ユー

私は賛成できません。
4 **I don't agree.**
アイ ドント アグリー

なぜですか？
5 **Why?**
ホワイ

彼は家にいないと思うからです。
6 **Because I don't think he is home.**
ビコーズ アイ ドント スィンク ヒー イズ ホウム

では、あなたはどう思いますか？
7 **Well, what do you think?**
ウェル ホワット ドゥー ユー スィンク

私はとにかく電話すべきだと思います。
8 **I think we should call anyway.**
アイ スィンク ウィ シュッド コーレニウェイ

WORDS [anyway] とにかく

POINT

agree を用いて

自分の意見は I think...（私は～と思います）や、
In my opinion,...（私の意見では）
を用いていい出すことができます。相手の意見に賛成するときよく使われる単語は agree です。I agree. あるいは「～さんと同じ意見です」といいたい場合は、I agree with... を用います。「全く同感です」は、
I quite agree.
です。また、他に、
I think so, too.（私もそう思います）
That's right.（そのとおりです）
You are right.（あなたのいうとおりです）
I see what you mean.（あなたのいいたいことはわかります）
も同意を表します。自分の意見に賛成を求めたいときは、
Don't you think so?（そう思いませんか）
と聞いてみましょう。

相手の意見も聞く

自分の意見を主張するばかりでなく、相手の意見も聞かなければなりません。そんなときは、例文３や７を使います。また他に、
What is your opinion?（あなたの意見はどうですか）
と尋ねてみてもよいでしょう。

意見をいう（反対）

あなたに賛成できません。

1 **I don't agree with you.**

アイ ドント アグリー ウィジュー

何が問題なのですか？

2 **What's the problem?**

ホワッツ ザ プロブレム

あなたは自分のことばかり考えています！

3 **You are only thinking of yourself!**

ユー アー オンリィ スィンキング オブ ユアセルフ

とんでもない！

4 **That is not true!**

ザッティズ ノット トゥルー

私はそう思います。

5 **I think it is.**

アイ スィンキッティズ

どうすればいいのですか？

6 **What can we do about it?**

ホワット キャン ウィ ドゥ アバウティット

もっとよく話しましょう。

7 **Let's talk about it some more.**

レッツ トーカバウティット サム モー

私のやり方がわかってもらえるかもしれません。

8 **Maybe you will see it my way.**

メイビー ユー ウィル シー イット マイ ウェイ

 WORDS [problem] 問題、疑問 [true] 真実 [maybe] たぶん、ことによると

POINT

反対の表現

反対の意志表示には、例文1の他に、
I disagree.（意見が合いません）
I don't think so.（私はそうは思いません）
That's not right.（そうではありません）
I'm afraid not.（残念ながら、そうは思いません）
があります。これらの表現は、はっきりと反対を表していますが、それとなく賛成できないことをほのめかすには、
I don't know about that.（それについては知りません、どうでしょうね）
といえばよいでしょう。

反対のときはその理由も

英米人の考え方では、はっきりと反対意見を述べることは決して失礼にはなりませんが、
Why?（なぜ）
Why not?（なぜそうでないのですか）
とその理由を問われることが多くあります。例文2も同じように「何が問題なのか」と聞いています。Because...（なぜなら〜）と反対理由をきちんと説明できるよう、しっかりとした自分の意見を持つことが必要です。

LET'S TAKE A BREAK

＼ 会話は軽快に ／

短縮形の使い方

話す英語、会話文では、「'」（アポストロフィー）を用いた短縮形がよく使われます。しかし、短縮せずにいっても間違いではなく、また短縮すると、単語は弱く短く発音されるので、その部分を強調したい場合は短縮しません。

短縮形になるもの

❶ be動詞の現在形

I'm ⇒ I am、**he's** ⇒ he is、**here're** ⇒ here are、
What's ⇒ What is

❷ 助動詞

I've ⇒ I have (you've、we've、they've)
I'd ⇒ I would、I should、I had (you'd、he'd、it'd、we'd、they'd)
I'll ⇒ I will (you'll、he'll、she'll、it'll、we'll、they'll)
※「持つ」の意味で用いるときのhave、has、hadは、短縮しない。
※ I shall を I'll とはしない。

❸ 否定形 (not)

isn't ⇒ is not (aren't、wasn't、weren't)
don't ⇒ do not (doesn't、didn't)
haven't ⇒ have not (hasn't、hadn't)
won't ⇒ will not
can't ⇒ cannot
mustn't ⇒ must not (oughtn't、needn't)
wouldn't ⇒ would not (should't、couldn't、mightn't)
※I am notはI'm not.

❹ その他　Let's ⇒ Let us

短縮しないもの

❶ be動詞の過去形。現在形でも Yes, / No, に続いて答えるとき。
❷ 助動詞の can、could、may、might、must、need、ought など。
❸ I hope、I think などに続く省略文の中。I hope I will (×I'll).

PART 3

日常会話

Daily Conversation

電話をかける

もしもし。スミスさんのお宅ですか?

1 **Hello. Is this the Smith home?**

ハロウ イズ ディス ザ スミス ホウム♪

はい、そうです。どちらさまですか?

2 **Yes, it is. Who is calling?**

イエス イッティズ フー イズ コーリング

佐藤たかしです。

3 **This is Takashi Sato.**

ディスィズ タカシ サトウ

ジャネットさんをお願いします。

4 **May I speak to Janet?**

メイ アイ スピーク トゥー ジャネット♪

少しお待ちください。

5 **Can you wait a minute?**

キャニュー ウェイタ ミニット♪

あいにく彼女は外出中です。

6 **I'm sorry, she is out.**

アイム ソーリー シー イザウト

またあとで電話します。

7 **I will call again later.**

アイ ウィル コーラゲイン レイター

ええ、お願いします。

8 **Yes, please do.**

イエス プリーズ ドゥー

POINT

相手の確かめ方

電話を受けた人が、Hello.と出てきたら、まず、例文1を使って正しくかかっているか尋ねます。一般的には、home の代わりに residence（住居、住宅）を使います。注意したいのは、「～さんですか」と確かめるときも、電話では Are you...? ではなく、Is this...? を用いることです。イギリスでは、Is that...? を用います。

初めての人に電話するとき

自分の名前を名乗るとき、相手が既に自分のことを知っている場合は、例文3を用います。名前のあとに speaking をつけることもあります。しかし、初めての人に電話するときは、日本語で「私は～と申します」というように、My name is... または I'm... を使います。

「～さんをお願いします」のいい方

電話で話したい人を電話口に呼び出すときは、例文1のように May I speak to...(, please)? を用います。これはていねいないい方なので、どこでも使うことができます。to の代わりに with を用いることもあります。他に、

I would like to speak to...（～さんと話したいのですが）

や、親しい間柄のくだけたいい方で、

Is...there?（～さんいますか）

Is...at home?（～さんは家にいますか）

があります。

電話の切り方

残念ながら話したかった相手と話せなかった場合でも、電話口の人に、

Thank you. Goodbye.

といって切るのが、礼儀です。

一般に、話をしたあとに「それでは...」といって、電話をかけたほうから切るときに使うのは、

OK then,...

です。そのあとに、別れ際のあいさつを続けて切りましょう。

電話

電話を受ける

もしもし。キャロル・ブラウンです。

1 **Hello. This is Carol Brown.**

ハロウ ディスィズ キャロル ブラウン

スーザンはいますか？

2 **Is Susan there?**

イズ スーザン ゼア⤴

あいにくスーザンは出かけたばかりです。

3 **I'm sorry Susan just went out.**

アイム ソーリイ スーザン ジャスト ウェンタウト

伝言をお受けしましょうか？

4 **Can I take a message?**

キャナイ テイカ メッセイジ⤴

いいえ、かまいません。

5 **No, it's okay.**

ノウ イッツ オウケイ

彼女はいつ戻りますか？

6 **When will she return?**

ホウェン ウィル シー リターン

わかりませんが電話があったことを伝えます。

7 **I'm not sure but I'll tell her you called.**

アイム ノット シュア バット アイル テル ハー ユー コールド

ありがとう。さようなら。

8 **Thank you. Goodbye.**

サンキュー グッバイ

WORDS [message] 伝言、メッセージ [return] 戻る、帰る

POINT

名前を名乗らないこともある

電話を受けたときは、Hello. This is.... と自分の名前を名乗ります。このとき、I'm... ではなく This is... を用います。また名前の代わりに電話番号をいうこともあります。ニューヨークなどの大都市では治安上の理由から、名乗らずHello. とだけいうことが多いようです。

本人が電話を受けたとき

相手の話したい人が、電話を受けた本人の場合、「私ですが」というのは、

Speaking.

This is she/he (speaking).

となります。

相手を確認する

「どちらさまですか」と相手を確認するとき使うのは、56ページの例文2です。please をつけて、

Who is calling, please?

とするほうがていねいになります。さらにていねいないい方にしたい場合は、

May I ask who is calling, please.

となります。他に、

Who is this, please.

Your name, please.

などでもいいでしょう。Who are you? は「あなたはどなた」とぶしつけな聞き方になるので使いません。

電話

「少しお待ちください」のいい方

電話で「切らずにお待ちください」というときは、56ページの例文5のようになります。他にも、hold on(電話を切らずに待つ)を使って、
Please hold on for a second.
もよく使います。「少しの間」を意味するfor a secondの代わりに、for a momentもいいでしょう。hold onを使わないで、
Just a moment / second, please.
One moment, please.
ということもできます。ちなみに、hold on の反対で「(電話を) 切る」は、hang up です。

不在を伝える

例文3や、56ページの例文6の他にも不在を伝えるいい方はいろいろあります。どれも、前に I'm sorry, をつけるとていねいな感じになります。
She is out right now. (ただ今、外出中です)
He is not in at the moment. (ただ今、不在です)
She hasn't come home yet. (まだ家に帰っていません)
He isn't at home. (家にいません)
She is still at work. (まだ職場にいます)
He will be back in an hour. (1時間で戻ります)
I'll have her call you when she gets back.
(帰りしだい電話させます)
※now、right now、at the moment は「ただ今」の意味で他の文章にも使えます。

伝言

相手の話したい人が不在のときは、例文4のように伝言を聞いておくとよいでしょう。Can I...? の代わりに、
Shall I take a message?
May I take a message?

Would you like to leave a message?(伝言をお残しになりますか)
のようにもいえます。May I... は、かしこまっていうときに使います。
また、自分から「伝言をお願いできますか」と頼むときは、
Can I leave a message?
Would you take a message?
I'd like to leave a message?
といいます。相手が伝言を頼まなかったときは、
Shall I have him / her call you back?(あとでお電話させましょうか)
と申し出るのもいいでしょう。

電話を切るとき

電話を受けた側が電話を切る前に使う表現に、次のようなものがあります。
Thank you for calling.(お電話ありがとう)
It was nice talking to you.(あなたと話せてよかった)
Please do call again.(また電話してください)
そして、Goodbye. や Bye. といって切ります。

電話をかけてもらう

ようこさんをお願いします。

1 **May I speak to Yoko, please?**

メイ アイ スピーク トゥー ヨーコ プリーズ↗

あいにく今おりませんが。

2 **I'm sorry, but she's out now.**

アイム ソーリイ バット シーズ アウト ナウ

電話をくださるようお伝えいただけますか。

3 **Please have her call me.**

プリーズ ハブ ハー コール ミー

彼女はあなたの電話番号を知っていますか？

4 **Does she have your number?**

ダズ シー ハブ ユア ナンバー↗

ええ、知っています。

5 **Yes, she does.**

イエス シー ダズ

何時に電話すればいいですか？

6 **What time should she call?**

ホワット タイム シュッド シー コール

8時過ぎにお願いします。

7 **After eight o'clock, please.**

アフター エイト クロック プリーズ

そのように伝えておきます。

8 **I will give her your message.**

アイ ウィル ギブ ハー ユア メッセイジ

POINT

相手がいないとき

話したい相手がいなかった場合、例文3の他にもいろいろいえます。
Can you tell me when she will be back?
(彼女はいつお戻りですか)
When will he return? (彼はいつお戻りですか)
Please tell her that I called.
(電話があったことを彼女にお伝えください)
Please tell him that I'll call again.
(また電話すると彼にお伝えください)
I'll call her again later. (またあとで電話します)

都合が悪くてかけなおしてもらう

指名された人が不在のとき、受けた側から、再度電話をしてもらうように頼む場合もあります。失礼にならないよう、ていねいにお願いします。
Would you call him again later, please?
(あとでもう一度お電話していただけませんか)
また、受けた人が都合悪く話のできない状態のときにも、かけなおしてもらいたい、かけなおしたいときがあります。そのときは、
Do you mind calling back? (かけなおしてもらえませんか)
Can you call later? (あとでかけなおしてもらえますか)
I'll call you back. (かけなおします)
Can I call you back? (かけなおしていいですか)
Let me call you back. (かけなおさせてください)
といって対応しましょう。その前後に、下のような理由をつけるといいでしょう。
I have a call on the other line now.(今、他の電話に出ています)

いつ電話すればよいのかを尋ねる

かけなおすときに「何時ごろ電話すればいいですか」と聞いておくのが、例文6です。朝早くや夜遅くなりそうなときは、次のように確認します。
How early may I call?(どれくらい早くから電話してもいいですか)
How late can I call? (どれくらい遅くまで電話してもいいですか)

電話番号を聞く／教える

電話番号を教えてもらえますか？

1 **May I have your telephone number?**
メイ アイ ハブ ユア テレフォウン ナンバー⤴

ええ、456-1234 です。

2 **Yes, it is 456-1234.**
イエス フォーファイブシックス ワントゥースリーフォー

繰り返します。456-1234 ですね。

3 **Let me repeat that. 456-1234.**
レット ミー リピート ザット フォーファイブシックス ワントゥースリーフォー

はい、そのとおりです。

4 **Yes, that's right.**
イエス ザッツ ライト

9 時ごろにはいつもそこにいます。

5 **I'm usually there around nine o'clock.**
アイム ユージュアリイ ゼア アラウンド ナイン ノクロック

昼間はどこに連絡すればいいですか？

6 **Where can I reach you during the day?**
ホウェア キャナイ リーチュー デュアリング ザ デイ

職場にいます。番号は 1543-1155 です。

7 **I'm at work. The number is 1543-1155.**
アイマット ワーク ザ ナンバーリズ ワンファイブフォースリー ワンワンファイブファイブ

勤務時間内はその番号のところにいます。

8 **I'm at that number during office hours.**
アイマット ザット ナンバー デュアリング オフィスァワーズ

 WORDS [reach]（電話で）連絡する、届く

POINT

電話番号は?

　電話をかけなおすときに限らず、相手の電話番号を尋ねるいい方が例文1です。もっと簡単に、

Your number, please.（電話番号をお願いします）

だけでもいいでしょう。

　聞かれたほうは、例文2のように、It is... で答えてもいいですし、

My number is...

で答えてもかまいません。

「連絡をとる」は reach

　例文6のように、電話で「連絡をとる」は reach という単語を用います。電話番号を教えるときに、

You can reach me at this number.

（ここに電話してくだされば、私と連絡がとれます）

といいます。この場合、その番号に電話をすれば、必ず本人が出るというわけではなく、とにかく連絡がつくということです。

職場の電話番号

　大きな会社に勤めている人には、会社の番号だけでなく、内線番号も聞いておくといいでしょう。

Do you have an extension number?（内線番号はありますか）

Yes, it is 543.（ええ、543です）

駅で

神田に行くにはどうすればよいですか？

1 **How can I get to Kanda?**
ハウ キャナイ ゲットゥー カンダ

山の手線に乗って五つ目の駅です。

2 **It's five stops on the Yamanote Line.**
イッツ ファイブ ストップソン ザ ヤマノテ ライン

山の手線はどこで乗ればよいのですか？

3 **Where can I get on the Yamanote Line?**
ホウェア キャナイ ゲットン ザ ヤマノテ ライン

階段を昇って５番ホームです。

4 **Go up the stairs to platform five.**
ゴウ アップ ザ ステアズ トゥー プラットフォーム ファイブ

緑色の線の入った銀色の電車です。

5 **It is the silver train with green stripes.**
イッティズ ザ シルバー トゥレイン ウィズ グリーン ストライプス

各駅停車です。

6 **It is a local.**
イッティザ ロウカル

わかりました。ありがとうございました。

7 **I see. Thank you very much.**
アイ シー サンキュー ベリイ マッチ

どういたしまして。

8 **Don't mention it.**
ドント メンショニット

 WORDS [stairs] 階段 [platform] ホーム [stripe] しま、ストライプ

POINT

行き方を尋ねる

人に何かを尋ねようとするとき、まず、
Excuse me.（すみません）
と声をかけて注意をこちらに向けます。道を尋ねるときの聞き方はいろいろありますが、特に行き方を尋ねたい場合は、例文1のようにhow（どのように）を用います。get to...（～に着く）の後ろには行き先が入ります。この行き先がはっきり発音されないと、どこに行きたいのかがわかりません。最初にCan you tell meをつけて、
Can you tell me how to get to...?
(～への行き方を教えてもらえますか)
とすると、ていねいな言い方になります。

「～つ目の駅」

「～つ目の駅」という場合、序数（first、secondなど）を思い浮かべますが、例文2のfive stops（五つ目の駅）のように、stop（停車駅）の数で表すことができます。序数で表すときは、
Shibuya is the third station (stop) from here.
(渋谷はここから三つ目の駅です)
のように、station(stop)にsがつかず、from（～から）を伴います。

platform と track

例文4のplatformは、電車が両側に入ってくるホームを指すので、～番線という場合、たとえば「3番線の電車に乗る」は、
Take the train on Track 3.
となりtrackを用います。また、この場合の「乗る」はtakeを用います。
乗り場がわからないときは、
Which track, please?（何番線ですか）
とだけ聞くこともあります。

WORD LIST **電車と駅に関する言葉** **express**（急行），**local express**（準急），**local train**（各駅停車），**night train**（夜行列車），**up/down train**（上り／下り電車），**track**（線路），**ticket gate**（改札口），**ticket office**（切符売り場），**kiosk**（売店）

乗り方を聞かれる

この電車は大崎に行きますか？

1 **Does this train go to Osaki?**

ダズ ディス トゥレイン ゴウ トゥー オオサキ♪

いいえ、逆の方向です。

2 **No, it's the other direction.**

ノウ イッツ ディ アザー ディレクション

次の駅まで行ってください。

3 **Go to the next stop.**

ゴウ トゥー ザ ネクスト ストップ

反対ホームの電車に乗ります。

4 **Take the train on the other platform.**

テイク ザ トゥレイン オン ディ アザー プラットフォーム

東京駅で乗り換えます。

5 **Transfer at Tokyo station.**

トランスファー アット トウキョウ ステイション

３番ホームまでエスカレーターに乗ります。

6 **Take the escalator to platform three.**

テイク ディ エスカレイタ トゥー プラットフォーム スリー

大崎までどれくらいかかりますか？

7 **How long does it take to get to Osaki?**

ハウ ロング ダズィット テイク トゥー ゲットゥー オオサキ

だいたい５分ぐらいです。

8 **It takes about five minutes.**

イット テイクサバウト ファイブ ミニッツ

 WORDS [direction] 方向、方角 [escalator] エスカレーター

POINT

行き先を確認する

異国の土地で乗り物に乗るとき、心配なのは方向を間違えないかということです。そんなときは、例文１のように聞くか、あるいは、
Is this the right train to...?（～にはこの電車でいいのですか）
と聞きます。バスに乗るときは train（電車）のところを bus（バス）に入れ替えていえばいいのです。あわてて飛び乗ってしまったら、
Where is this train for?（この電車はどこ行きですか）
Where does this train go?（この電車はどこへ行きますか）
と行き先を尋ねます。

正しい電車を教える

間違った電車に乗っていることがわかったら、正しい乗り方を教えてあげるのが親切です。例文3、4、5、6の他にも、
Take the Marunouchi line.（丸の内線に乗ってください）
Get on the Ginza line.（銀座線に乗ってください）
Catch the train on platform four.（4番線の電車に乗ってください）
Get off at Tokyo station.（東京駅で降りてください）
以上のように、行き先を教える場合には、動詞が文頭にくる形をとります。なお、例文2、4の other の代わりに、opposite（反対の、向かいの）も使えます。

交通

切符を買う

切符はどこで買うのですか？
1 Where can I buy a ticket?
ホェア キャナイ バイ ア ティケット

そこにあります。
2 Right over there.
ライトウバー ゼア

上野までいくらですか？
3 How much is it to Ueno?
ハウ マッチ イズィット トゥー ウエノ

200円です。
4 It's 200 yen.
イッツ トゥーハンドレッド イエン

その販売機でお札は使えますか？
5 Will the machine take bills?
ウィル ザ マシン テイク ビルズ↗

ええ、千円札が使えます。
6 Yes, it will take a 1,000 yen bill.
イエス イット ウィル テイカ ワンサウザント イエン ビル

定期券はどこで買うのですか？
7 Where can I buy a monthly pass?
ホェア キャナイ バイ ア マンスリィ パス

その窓口で買えます。
8 You can buy it at the sales window.
ユー キャン バイ イッタット ザ セイルス ウィンドウ

WORDS [over there] 向こうに、あちらに [bill] 紙幣、札 [pass] 定期券

POINT

切符の買い方

自動販売機でなく窓口で切符を買うときは、
One ticket to..., please.（～まで１枚ください）
と…に行き先を入れていいます。もちろん２枚以上は ticket に s がついて tickets となります。片道切符は one-way ticket、往復切符はround-trip ticket といいます。たとえば、「東京まで往復を２枚ください」は Two round-trip tickets to Tokyo, please. となります。

窓口で尋ねること

How much is the round-trip ticket to Tokyo?
（東京まで往復いくらですか）
It's 740 yen.（740円です）
How long does it take to get to Tokyo?
（東京までどれくらいかかりますか）
It takes about forty minutes.（約40分です）
When does the next express train leave?
（次の急行は何時出発ですか）
It leaves at 11:20.（11時20分に出ます）
Which platform does the train depart from?
（その電車はどのホームから出ますか）
It departs from platform nine.（9番ホームから発車します）

交通

電車の中で

次の停車駅は上野ですか?

1 Is the next stop Ueno?

イズ ザ ネクスト ストップ ウエノ↗

次の駅で乗り換えるといいですよ。

2 You should change at the next stop.

ユー シュッド チェインザット ザ ネクスト ストップ

ここは何という駅ですか?

3 Which station is this?

ホウィッチ ステイション イズ ディス

これは急行電車です。

4 This is an express train.

ディスィズ アネクスプレス トゥレイン

そこでは止まりません。

5 It does not stop there.

イット ダズ ノット ストップ ゼア

普通電車に乗らないといけませんよ。

6 You need to take a local train.

ユー ニード トゥー テイカ ロウカル トゥレイン

次の駅で降ります。

7 Get off at the next stop.

ゲットフ アット ザ ネクスト ストップ

そこで乗り換えられます。

8 You can change trains there.

ユー キャン チェインジ トゥレインズ ゼア

WORDS [express] 急行電車 [local] 各駅停車の

POINT

電車の乗り降り

「電車に乗る」は、get on または take(the train) です。take には、いくつかの電車からその電車を選んで乗るといった感じがあります。電車を降りるは、get off(the train) です。電車の他、バスも同じですが、タクシーの乗り降りは、get into / get out of(the taxi) で表します。

車中で行き先を確認する

電車に乗ったあとで、方向が合っているかどうか心配になったときは、**Am I on the right train to...?**(〜へはこの電車で合っていますか) と聞きます。行き先は、はっきりきちんと発音するようにします。

乗り換える

「乗り換える」は例文2と8にあるように、change で表すことができます。同じ意味でよく使われるのは、transfer で、「〜駅で乗り換える」は transfer at...station となります。例文8に change trains (電車を乗り換える) とあるように、乗り換えは二つの電車に乗ることになるので、trains と複数形で用いる点に気をつけましょう。「何駅で乗り換えればいいですか」は、

At which station should I change trains?

となります。また、「A線に乗り換える」というときは、change to the A line、または、transfer to the A line となるので、乗り換え駅とあわせて、

Transfer to the Chiyoda line at Hibiya station.

(日比谷駅で千代田線に乗り換えてください)

Change to the Chuo line at Shinjuku station.

(新宿駅で中央線に乗り換えてください)

のようにいうことができます。

交通

タクシー

ここでタクシーはつかまりませんよ。
1 **You won't get a taxi here.**
ユー ウォント ゲッタ タクシ ヒア

どこでタクシーをつかまえられますか？
2 **Where can I get a taxi?**
ホウェア キャナイ ゲッタ タクシ

向こうにタクシー乗り場があります。
3 **There is a taxi stand over there.**
ゼアリザ タクシ スタンド オウバー ゼア

銀座までいくらですか？
4 **How much is it to Ginza?**
ハウ マッチ イズィット トゥー ギンザ

1,000円ぐらいです。
5 **Around 1,000 yen.**
アラウンド ワンサウザント イェン

電車に乗ったほうがいいですよ。
6 **You should take the train.**
ユー シュッド テイク ザ トゥレイン

そのほうが早いでしょう。
7 **It would be quicker.**
イット ウッド ビー クウィッカー

今、道路はとても込んでいます。
8 **The traffic is very heavy now.**
ザ トラフィック イズ ベリイ ヘビイ ナウ

 WORDS [taxi] タクシー [traffic] 交通、往来 [heavy] 激しい、ひどい

POINT

行き先をいう

運転手のほうから、
Where to?（どこまでですか）
と尋ねられた場合には、
Grand Central station, please.
（グランド・セントラル駅、お願いします）
と、行き先に please をつけていうだけです。自分から「～まで行ってください」というときは、
Please take me to the Hotel ABC.（ホテルABCまでお願いします）
もっと簡単に、
To the Hotel ABC, please.
とだけいってもかまいません。やはり肝心なのは行き先なので、きちんと発音しましょう。住所が必要なときは口でいってもいいし、あるいは紙に書いて、
Take me to this address, please.（この住所までお願いします）
Here is the address.（これがその住所です）
といえばいいでしょう。間近まできたら、
Please, stop here.（ここで止めてください）
です。

タクシーの中で

下の表現はタクシーの中でよく使うものです。
How long does it take?（どれくらいかかりますか）
How much longer will it take?（あとどれくらいかかりますか）
I have an appointment to make, please hurry!
（約束があるので、急いでください）
Are we almost there?（もうすぐ着きますか）
It's just a little further.（もう少し先です）
Let me off here, please.（ここで降ろしてください）
How much is the fare?（料金はおいくらですか）
Keep the change.（おつりは取っておいてください）

バス

いちばん近いバス停はどこにありますか？

1 **Where is the nearest bus stop?**
ホウェア リズ ザ ニアレスト バス ストップ

新宿駅はいくつ目ですか？

2 **How many stops to Shinjuku station?**
ハウ メニイ ストップス トゥー シンジュク ステイション

五つか六つ目だと思います。

3 **I think it is five or six.**
アイ スィンク イッティズ ファイブォア シックス

確かではありません。

4 **I'm not sure.**
アイム ノット シュア

運転手に聞いたほうがいいでしょう。

5 **You should ask the driver.**
ユー シュッダスク ザ ドライバー

次が新宿駅です。

6 **The next stop is Shinjuku station.**
ザ ネクスト ストッピィズ シンジュク ステイション

このバスは銀座に行きますか？

7 **Does this bus go to Ginza?**
ダズ ディス バス ゴウ トゥー ギンザ♪

バスはどれくらいおきに出ますか？

8 **How often does the bus run?**
ハウ オーフン ダズ ザ バス ラン

POINT

バスに乗る前に

バスターミナルなどでは、行き先別にいくつかの乗り場があり、どこで乗ればよいか迷うことがあります。そんなときは、
Where can I take the bus to Ginza?
(銀座へのバスはどこで乗ることができますか)
I would like to go to Ginza. Which bus should I take?
(銀座に行きたいのですが。どのバスに乗ればいいですか)
と聞きます。またバスに乗る際に、例文7のように確認すると行き先を間違える心配がありません。

バスの中で

バスに乗ってしまってから、乗り間違えていないか不安になってくることがあります。そんなときは、
Am I on the right bus to Ginza?
(銀座へはこのバスでいいのですか)
といいます。聞かれたほうは、
Yes, you are. / No, you aren't.
(ええ、いいですよ／いいえ、違います)
と答えます。No の場合は、
You should get off at the next stop.
(次の停留所で降りたほうがいいですよ)
などと教えてあげます。しかし、聞かれた人も相手のいった地名がよくわからないようなときには、例文4、5のようにいうといいでしょう。

道を尋ねる、案内する

郵便局にはどうやって行けばいいですか？
1 **How can I get to the post office?**
ハウ キャナイ ゲットゥー ザ ポストォフィス

まっすぐ行って、二つ目の信号を左に曲がります。
2 **Go straight, turn left at the second light.**
ゴウ ストレイト ターン レフタット ザ セカンド ライト

銀行のところを左へ、ということですね？
3 **You mean left at the bank?**
ユー ミーン レフタット ザ バンク♪

いいえ、銀行を越えてその次を左です。
4 **No, the next left after the bank.**
ノウ ザ ネクスト レフト アフター ザ バンク

目印になるものはありますか？
5 **Is there a landmark?**
イズ ゼアラ ランドマーク♪

ええ、学校の門があります。
6 **Yes, there is a school gate.**
イエス ゼアリザ スクール ゲイト

どれくらいかかりますか？
7 **How long will it take?**
ハウ ロング ウィリット テイク

歩いて５分ほどです。
8 **About five minutes on foot.**
アバウト ファイブ ミニッツォン フット

WORDS [light] 信号 [landmark] 目印（となるもの） [on foot] 徒歩で

POINT

道の尋ね方

▶Excuse me.と声をかける

人に道を尋ねるとき、まず、

Excuse me.（すみません）

と声をかけます。声をかけたあと質問文を続けるときは、Excuse me, but...? ということがあります。but は、日本語で「すみませんが」というときの「が」にあたり、つなぎのようなものなので、省略されることのほうが多いようです。

▶道を尋ねる

「～へはどのように行けばいいですか」のいい方は、例文1では How can I get to...? を用いています。how は「どのように」と方法を尋ねる疑問詞で、get to... は「～に着く」の意味です。他にも、Can you tell me...（～を教えてもらえますか）で始まるいい方や、Do you know...（～をご存じですか）で始まるいい方など、いろいろな表現があります。特に、行き方を尋ねたいときは how、場所を知りたいときは where を用いるとよいでしょう。

Can you tell me how to get to...?
（～への行き方を教えてもらえますか）
Can you tell me the way to...?（～への道を教えてもらえますか）
Can you tell me where...is?（～はどこにあるか教えてもらえますか）
Do you know the way to...?（～への道をご存じですか）
Do you know where...is?（～はどこにあるかご存じですか）
Where is..., please.（～はどこですか）

Can you...? の文は、Could you...? にすると、よりていねいになります。

交通

▶「〜はありますか」や「〜を探しています」

　道を尋ねたいとき、「どう行きますか」と聞く以外に、

Is there a bank near here? (この近くに銀行はありますか)

I'm looking for the ABC Hotel.(ABCホテルを探しています)

のような聞き方もあります。答えるほうは、Yes, だけではなく、道順まできちんと教えてあげるべきでしょう。といっても、わからないときもあります。そういうときは、次のようにいいます。

I'm sorry, but I don't know. (すみませんが、わかりません)

Why not ask that policeman?

(おまわりさんに聞いてみたらどうですか)

● 道案内

道を尋ねられて、道順を説明するときのいい方は、例文2のGo straight.とTurn left at the light.の他にもいろいろあります。

▶「まっすぐ行く」と「曲がる」

Go straight ahead. (まっすぐ行く)

Go straight along this street. (この通りをまっすぐ行く)

Go straight along this street until you come to...

(〜までこの通りをまっすぐ行く)

Turn right / left. (右/左に曲がる)

Do you see the...? (〜が見えますか)

Turn right / left at the... (〜を右/左に曲がる)

▶〜に入る言葉

corner (角)、second corner (二番目の角)、street light (信号)、third light (三番目の信号)、crossing/intersection (交差点)、florist (花屋)、mailbox (郵便ポスト)

▶「〜にあります」

It's on your right / left. (右/左側です)

It's on the right / left-hand side. (右/左手にあります)

It's next to the bakery. (パン屋の隣にあります)

It's across the street from the bank.

(通りをはさんで銀行の向かいです)

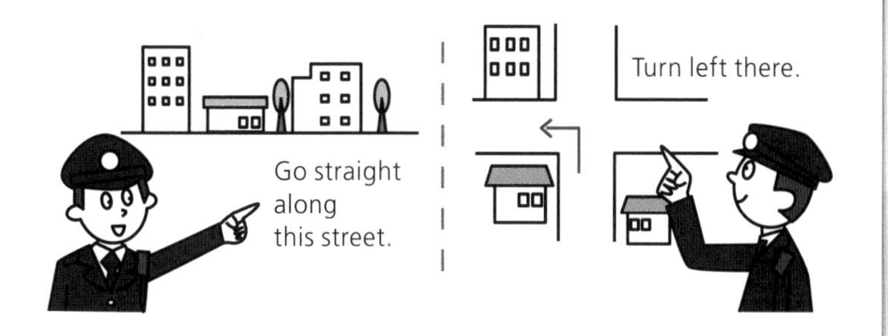

It's opposite the post office.（郵便局の反対側です）

It's three blocks down.（3区画先です）

▶ **「すぐわかります」**

You can't miss it.（すぐわかりますよ）

直訳すれば、「あなたはそれを見逃すはずはありません」の意味になります。

▶ **「お連れします」**

I'm going that way, too.（私もそちらのほうへ行きます）

Please follow me.（どうぞついてきてください）

I'll take you there.（そこへお連れしましょう）

所用時間の尋ね方・答え方

例文7以外にも、「どれくらいかかりますか」と聞く方法があります。

How many minutes will it take by taxi?

（タクシーで何分くらいですか）

上の文の by taxi の部分を、by bus（バスで）、by train（電車で）、on foot（徒歩で）などにいいかえれば応用がききます。それに対する答え方も、例文8の他、次のようなものがあります。

I think it would take about 15 minutes on foot.

（歩いて15分ほどかかると思います）

It's too far to walk.（歩くには遠すぎます）

You should take a taxi.（タクシーに乗るといいですよ）

場所を聞かれる

この辺は何というところですか？

1 **What is this area called?**

ホワッティズ ディスエァリア コールド

日比谷です。

2 **It is called Hibiya.**

イッティズ コールド ヒビヤ

銀座には遠いのですか？

3 **Is it far to Ginza?**

イズィット ファー トゥー ギンザ♪

いいえ、銀座のどこに行くのですか？

4 **No, where in Ginza are you going?**

ノウ ホウェア リン ギンザ アー ユー ゴーイング

デパートです。

5 **To a department store.**

トゥー ア デパートメント ストー

歩いていけますよ。

6 **You can walk there.**

ユー キャン ウォーク ゼア

ご案内しましょう。

7 **I will show you where it is.**

アイ ウィル ショウ ユー ホウェア イッティズ

ありがとう。とても助かりました。

8 **Thank you. You've been so helpful.**

サンキュー ユーブ ビーン ソー ヘルプフル

WORDS [area] 地域、地区 [helpful] 役に立つ、助けになる

POINT

stranger の意味

場所を聞かれてもわからないとき、よく用いられるのが stranger (不慣れな人、初めての人) という単語です。まず I'm sorry, (残念ながら、すみませんが) といってから、
but I'm a stranger here. (この辺りはよく知りません)
のように用います。hereの代わりにin this areaということもできますし、
I'm sorry, but I don't know this city.
や、be familiar with... (～をよく知っている、通じている) を用いて、
I'm sorry, but I'm not familiar with this area.
ということもできます。

他の人に聞く

自分がわからなくても、
Why not ask that policeman?
(あのおまわりさんに聞いたらどうですか)
Let me ask someone else. (誰か他の人に聞いてみましょう)
といって、なんとか助けてあげられるようにしたいものです。時間がなければ、
I'm sorry, but I am in a hurry. (すみませんが、急いでいます)
Please ask someone else. (誰か他の人に聞いてください)
というのも冷たいようですが、しかたないでしょう。

歩いていけます

都市部で交通が混雑していると、歩いていったほうが早いという場合が多々あります。ただし、どれくらい歩くか先に教えてあげないと、これならタクシーに乗ったほうがよかったと、不満をもたれることもあります。次の例で対応しましょう。
I think it's faster to walk than taking a taxi.
(タクシーより歩いたほうが早いと思いますよ)
It's a long walk. (ずいぶん歩きます)
It should take about ten minutes. (10分ぐらいかかります)

街で

困っている人に話しかける

お困りですか？

1 **Do you need help?**

ドゥー ユー ニード ヘルプ⤴

お手伝いしましょうか？

2 **May I help you?**

メイ アイ ヘルピュー⤴

迷われたのですか？

3 **Are you lost?**

アー ユー ロスト⤴

迷われたようですね。

4 **You seem to be lost.**

ユー シーム トゥー ビー ロスト

お役に立てるかもしれません。

5 **Maybe I can help you.**

メイビー アイ キャン ヘルピュー

お尋ねしてもいいですか？

6 **May I ask you something?**

メイ アイ アスキュー サムスィング⤴

手をお貸ししましょうか？

7 **Can I give you a hand?**

キャナイ ギビュー ア ハンド⤴

英語は少し話します。

8 **I speak some English.**

アイ スピーク サム イングリッシュ

WORDS [seem ～] のように見える、と思われる

POINT

親切の押し売りはしない

困っているような人に話しかけるときは、Excuse me.（失礼ですが）と声をかけてから、例文にあるような言葉を続けます。相手が、
Yes.
Oh, thank you.
と答えたなら、もちろん教えてあげるといいのですが、
No, thank you.（いいえ、結構です）
I'm all right.（だいじょうぶです）
といわれたら、しつこくしないでお節介にならないようにしましょう。

逆に、向こうから Excuse me. と話しかけてきたら、例文5を使って気軽に応じたいものです。

もっと積極的に話しかける

仕事などで困っている人には、仲間としてもう少し積極的にお手伝いの意志を示してもいいでしょう。例文7の Can I...? は、
Shall I give you a hand?（手をお貸ししましょうか）
ということもできます。あるいは、
Is there anything I can do for you?(何かできることはないですか)
といってあげましょう。この場合もお節介にならないようほどほどに。

英語を話す

困っている人にとっては、声をかけられるだけでも勇気づけられます。つまり、例文8は、「だから少しはお役に立てますよ」ということです。また、
I can speak little English.（私はあまり英語が話せません）
I can speak English a little.（私は英語を少し話します）
といっておけば、向こうもゆっくり話してくれるでしょう。その他、
Would you speak more clearly?
（もう少しはっきり話してもらえますか）
Speak more slowly, please.(もう少しゆっくり話してもらえますか)
なども使えます。せっかくの実践英会話のチャンス、身ぶり手ぶりを交えながらでも、がんばって話しかけてみてください。

売り場を聞く（デパートで）

コートを買いたいのですが。
1 **I would like to buy a coat.**
アイ ウッド ライク トゥー バイ ア コート

どんなコートですか？
2 **What kind of coat?**
ホワット カインドブ コート

レインコートを探しています。
3 **I'm looking for a rain coat.**
アイム ルッキング フォーラ レイン コート

雨用衣類は５階にあります。
4 **Rainwear is on the fifth floor.**
レインウェアー リズォン ザ フィフス フロー

エレベーターはどこですか？
5 **Where is the elevator?**
ホウェア リズ ディ エレベイター

こちらです。
6 **It's this way.**
イッツ ディス ウェイ

すみませんが雨用衣類は置いていません。
7 **I'm sorry we do not carry rainwear.**
アイム ソーリイ ウイ ドゥー ノット キャリイ レインウェア

他の店に行ってみるといいでしょう。
8 **You should try another store.**
ユー シュッド トライ アナザー ストー

WORDS [coat] コート、上着 [rainwear] 雨用衣類 [carry]（店が品物を）置く

POINT

売り場を聞く

例文1や3のように I would like to buy... (~を買いたいのです) や、I'm looking for... (~を探しています) といえば、売り場を尋ねていることにもなります。「~はどこにありますか」と聞く場合は、Where can I find...? といいます。

そのように聞かれても、わからないときは、

I'll ask the clerk. (店員に聞いてみましょう)

Let me ask that clerk. (あの店員に聞いてみましょう)

といってから、尋ねに行きます。

デパート

デパートは、department store といい、depart(ment) と略していうことはありません。ladie's department (婦人用品売り場)、men's department (紳士用品売り場)、furniture department (家具売り場)、food department(食料品売り場)など、各種の department(部、部門) から成り立つことでその名があります。

デパートの階

日本にあるエレベーターを見ると、地下はB、屋上はRで示されています。これは basement と rooftop の略です。何階というのは、数字で表されているので、間違うことはないように思いますが、イギリスとアメリカでは数え方が異なります。アメリカは日本と同じく、1階から順に数字を当てはめますが、イギリスでは1階のことを the ground floor といい、2階から the first floor、the second floor... と数えます。つまり、イギリス人は日本人が考えるより1階分ずつ上の階を想定していることになります。注意しましょう。

WORD LIST デパートの品物 **clothes** (衣服), **handbag(s)** (ハンドバッグ), **shoe(s)** (靴), **leather goods** (革製品), **watch(es)** (時計), **jewelry** (宝石類), **accessory** (アクセサリー), **lighter(s)** (ライター), **wallet(s)** (財布), **cosmetics** (化粧品), **perfume** (香水), **furs** (毛皮), **glasses** (めがね), **toy(s)** (おもちゃ), **doll(s)** (人形), **confectionery** (お菓子), **groceries** (食料品), **stationery** (文房具)

売り場を聞かれる（スーパーマーケットで）

すみません。
1 **Excuse me.**
エクスキューズ ミー

はい、何でしょうか？
2 **Yes, can I help you?**
イエス キャナイ ヘルピュー⤴

野菜売り場はどこですか？
3 **Where can I find fresh vegetables?**
ホウェア キャナイ ファインド フレッシュ ベジタブルス

5 番通路にあります。
4 **You'll find them in aisle number five.**
ユール ファインド ゼム イナイル ナンバー ファイブ

レジはどこですか？
5 **Where is the cashier?**
ホウェア リズ ザ キャッシュア

階段のそばにあります。
6 **It's near the stairs.**
イッツ ニア ザ ステアズ

ありがとう。
7 **Thank you.**
サンキュー

どういたしまして。
8 **You're welcome.**
ユーアー ウエルカム

WORDS [fresh] 新鮮な、いきのいい [vegetable] 野菜 [aisle] 通路

POINT

いらっしゃいませ

店側が、お客さんに使う言葉には次のようなものがあります。

May I help you?
Can I help you?
(いらっしゃいませ、何かご用でしょうか)

What would you like?（何をさしあげましょう）
Thank you very much.（ありがとうございました）
Please come again.（またどうぞお越しください）

買い物

aisleを用いて売り場の説明

スーパーで品物を探すとき、売り場の通路（aisle）に掲示（sign）があって、それを見れば、その通路に何の品物が置いてあるかわかります。売り場を尋ねられたら、その掲示板を見て、例文4のようにYou'll find it / them in aisle...（それ／それらは～通路にあります）とaisleを用いて答えてあげましょう。他に、

It's the next aisle.（それは隣の通路にあります）
It's at the end of this aisle.（それはこの通路のつきあたりにあります）

ということができます。in aisle...の代わりに、in...section(～売り場)を用いることもあります。

shopとstoreの違い

小売りの店や商店を表すとき、アメリカでは主にstore、イギリスではshopを使います。しかし、アメリカでもflower shop（花屋）、gift shop（贈り物店）など、shopを用いることもあります。shopは職種名を表す所有格のあとで省略されることがあり（stationer's (shop)など)、また、専門店やデパートの中の「精選商品売り場」の意味では、米英どちらもshopを使います。たとえば、the golf shop at Macy's（メーシー百貨店のゴルフ用品売り場）のようにです。shopには、仕事場をかねた店の意味もあり、barber shop（床屋)、beauty shop（美容院）などがその例です。storeのほうは、department storeのように、「大きな店」を意味することもあります。

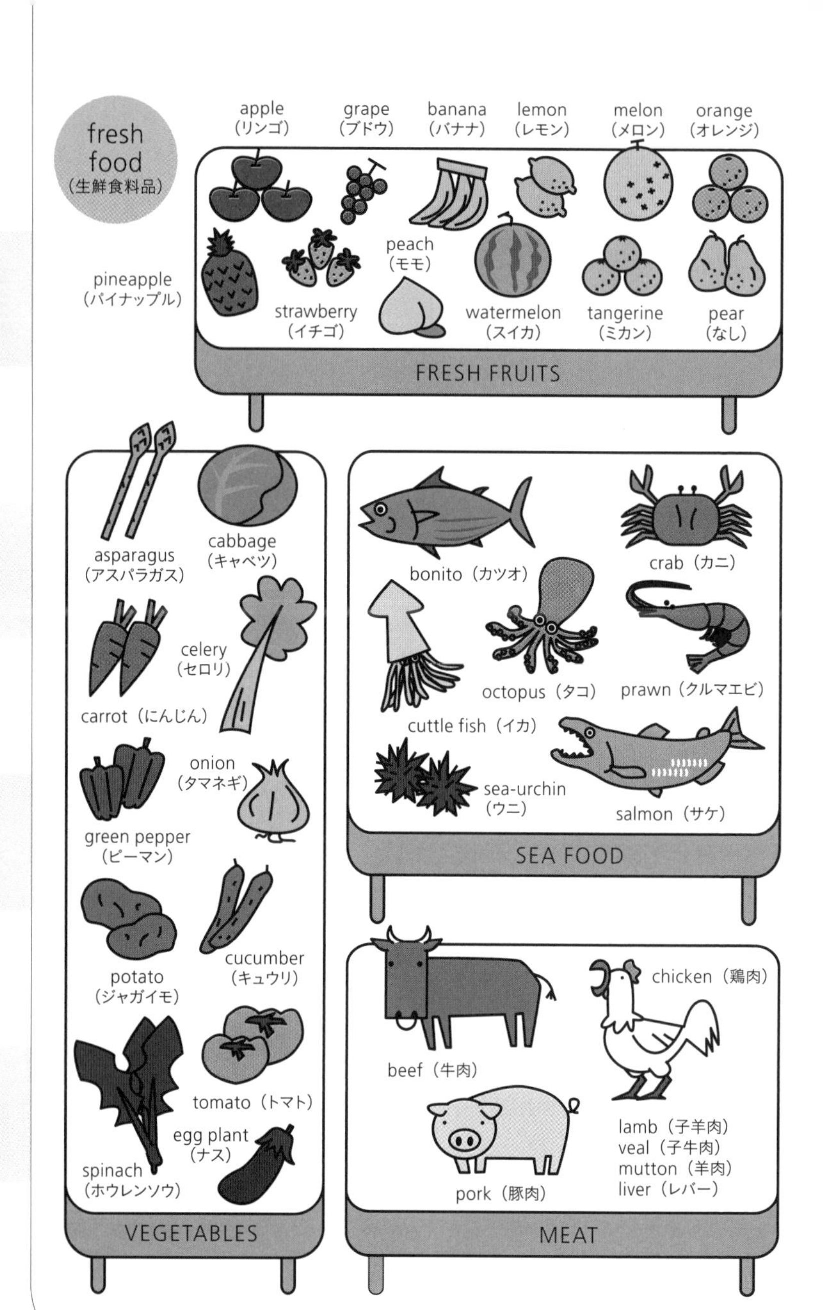
fresh food
（生鮮食料品）
apple
（リンゴ）
grape
（ブドウ）
banana
（バナナ）
lemon
（レモン）
melon
（メロン）
orange
（オレンジ）
pineapple
（パイナップル）
strawberry
（イチゴ）
peach
（モモ）
watermelon
（スイカ）
tangerine
（ミカン）
pear
（なし）
FRESH FRUITS
asparagus
（アスパラガス）
cabbage
（キャベツ）
carrot（にんじん）
celery
（セロリ）
green pepper
（ピーマン）
onion
（タマネギ）
potato
（ジャガイモ）
cucumber
（キュウリ）
tomato（トマト）
egg plant
（ナス）
spinach
（ホウレンソウ）
VEGETABLES
bonito（カツオ）
crab（カニ）
cuttle fish（イカ）
octopus（タコ）
prawn（クルマエビ）
sea-urchin
（ウニ）
salmon（サケ）
SEA FOOD
beef（牛肉）
chicken（鶏肉）
pork（豚肉）
lamb（子羊肉）
veal（子牛肉）
mutton（羊肉）
liver（レバー）
MEAT

daily needs（日用品）
frozen foods（冷凍食品）
dairy products（乳製品）
milk
バター
シリアル
クッキー
POTATO
CAT
オレンジ
juice（ジュース）
cereal（シリアル）
cookie（クッキー）
baby food（ベビーフード）
snack（スナック）
pet food（ペットフード）
ナプキン
household cleaner（家庭用洗剤）
shampoo & rinse（シャンプー＆リンス）
toothpaste（練り歯磨き）
toilet paper（トイレットパーパー）
sanitary napkin（生理用ナプキン）
ガゼ
medicine（薬）
cosmetics（化粧品）
market（市場）
デパート
大バーゲン
八百屋
酒
スーパーマーケット
supermarket（スーパーマーケット）
department store（デパート）
green grocer（八百屋）
liquor store（酒屋）
パン
肉
くつ
bakery（パン屋）
florist（花屋）
butcher shop（肉屋）
shoe store（靴屋）
flea market（蚤の市）
boutique（ブティック）

食品を買う

今日は新鮮なほうれんそうはありますか?

1 **Do you have fresh spinach today?**

ドゥー ユー ハブ フレッシュ スピニッチ トゥデイ⤴

ええ、ありますよ。とても新鮮ですよ。

2 **Yes, we do. It's very fresh.**

イエス ウイ ドゥー イッツ ベリイ フレッシュ

では、3 束いただきましょう。

3 **All right. I'll take three bundles.**

オール ライト アイル テイク スリー バンドゥルス

レタスも 2 玉ください。

4 **I also want two heads of lettuce.**

アイ オールソウ ウォント トゥー ヘッゾブ レタス

パンを 1 斤ください。

5 **Please give me a loaf of bread.**

プリーズ ギブ ミー ア ロウホブ ブレッド

バターを 2 ポンドください。

6 **I want two pounds of butter.**

アイ ウォント トゥー パウンゾブ バター

牛乳はいりませんか?

7 **Do you need any milk?**

ドゥー ユー ニーデニイ ミルク⤴

いいえ、けっこうです。

8 **No, thanks.**

ノウ サンクス

WORDS [**bundle**] 束、包み [**loaf**] パンのひとかたまり [**pound**] ポンド

POINT

いろいろな食品の単位

アメリカのスーパーマーケットでは、一般に果物・野菜・肉・魚などは1ポンド（＝454g）いくらで売られています。注文するときはだいたい1/4、1/2、3/4、あるいは1ポンド単位で頼みます。重さの単位の他に、食品の形態やどんな容器に入っているかなどによって、違った単位があります。例文3の bundle はたいてい真中をくくった「束」を指します。同じ「束」でも「花束」は a bunch of flowers と bunch を用います。bunch には「ふさ」の意味もあり、a bunch of grapes（ぶどうひとふさ）のようにも用います。例文4の head は、キャベツやレタスなど巻いた野菜を数える単位です。例文5の loaf は、大きな型で焼いたパンの「ひとかたまり」を表します。複数になると loaves となります。

▶食品の単位いろいろ

two hundred grams of beef（牛肉200g）、three cuts of pork（豚肉3切れ）、ten slices of ham（ハム10枚）、a dozen eggs（卵12個）、a bag of potatoes（じゃがいも1袋）、a jar of jam（ジャム1びん）、a box of chocolate（チョコレート1箱）、a scoop of ice cream（アイスクリーム1すくい）、a package of gum（ガム1個）、a can of soda（ソーダ1缶）、a container of milk（ミルク1本）、a bottle of juice（ジュース1本）、five apples（りんご5個）

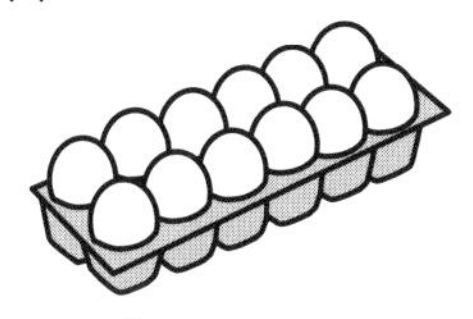

a dozen eggs　　a jar of jam

a scoop of ice cream

▶食品以外の単位いろいろ

a sheet / piece of paper（紙1枚）、a carton of cigarettes（たばこ1カートン＝10箱入り）、a package of cigarettes（たばこ1箱）a cake/bar of soap（石けん1個）、four pairs of shoes（靴4足）、two pieces of furniture（家具2点）

売り場に入る

1 いらっしゃいませ。
May I help you?
メイ アイ ヘルピュー♪

2 何をお見せしましょう。
What would you like to see?
ホワット ウッジュー ライク トゥー シー

3 おみやげを探しています。
I'm looking for a gift.
アイム ルッキング フォー ラ ギフト

4 何かいいものはありますか？
Do you have any ideas?
ドゥー ユー ハブ エニイ アイディアズ♪

5 香水はいかがですか？
How about some perfume?
ハウ アバウト サム パフューム

6 それはいいですね。
That's a good idea.
ザッツァ グッ ダイディア

7 いくつか見せてもらえますか？
Could you show me some?
クッジュー ショウ ミー サム♪

8 わかりました。こちらなんかいかがでしょう？
Certainly. How about this one?
サートゥンリイ ハウ アバウト ディス ワン

WORDS [idea] 考え、思いつき [gift] おみやげ、贈り物 [perfume] 香水

POINT

見ているだけのとき

店に入ると例文1のように、May I help you? とか Can I help you?、また、例文2や、
What are you looking for?（何をお探しですか）
と声をかけられます。ただ見ているだけなら、
I'm just looking, thank you.（見ているだけですから）
といいます。用があれば、
Yes, please.（ええ、お願いします）
といって話を続けます。

商品を見せてもらうとき

例文7の Could you show me...?（～を見せてもらえますか）の Could を Can にして、
Can you show me this, please?（これを見せてもらえますか）
のようにもいえます。Could のほうが、ややていねいないい方になります。また、May I see...?（～を見てもいいですか）や I would like to see...（～を見たいのですが）ともいえます。あるいは気軽に、
Let me take a look at it.
（それをちょっと見せてください）
といえばいいでしょう。

日本では、商品にお手をふれないでください、ということはあまりありませんが、ヨーロッパの高級店などでは、商品を勝手に手にすることは許されず、必ず店の人にいってから見せてもらいます。

買う商品に迷ったら

せっかく見せてもらっても気に入るとは限りません。そのときに使うのが、次のようなやりとりです。
How do you like it?（いかがですか）
That's very nice, but I'd like to see something else.
（すてきですね、でも、他のも見せてください）

洋服の色やサイズ

このセーターを着てみたいのですが。

1 **I would like to try this sweater on.**

アイ ウッド ライク トゥー トライ ディス スウェター ロン

あちらの試着室をお使いください。

2 **Please use the fitting room over there.**

プリーズ ユーズ ザ フィッティング ルーム オウバー ゼア

小さすぎます。

3 **It is too small.**

イッティズ トゥー スモール

もっと大きいサイズはありますか？

4 **Do you have a larger size?**

ドゥー ユー ハブァ ラージア サイズ♪

このサイズしかありません。

5 **This is the only size we have.**

ディスィズ ディ オンリイ サイズ ウイ ハブ

他の色ならありますか？

6 **Do you have it in another color?**

ドゥー ユー ハビット イナナザー カラー♪

どんな色ですか？

7 **What kind of color?**

ホワット カインドブ カラー

もっと明るい色の物を。

8 **Something in a lighter color.**

サムシングィナ ライター カラー

WORDS [sweater] セーター [fitting room] 試着室 [size] サイズ、寸法

POINT

試着するとき

試着してみたいときは、例文1のように I would like to try...on. や、May I try...on?（～を試着してもいいですか）といいます。～には試したい物が入りますが、既に話に出てきている物は it にします。靴の場合は複数なので、it ではなく them にします。

May I try them on?

試着したあとで

試着してみると、自分の体に合わなかったり、思っていた感じと違ったりすることがあります。そんなときのいい方の一つが、例文3です。サイズが合わなくて、丈などを直してほしいときは、alter（作り変える）を用いて

Can you alter this for me?（これを直してもらえますか）

と聞いてみましょう。

その他のいい方

試着の結果は、次のような文を覚えておけばほぼいい表すことができるでしょう。

It's too short / long.（丈が短／長すぎます）

It's too tight / loose around the waist.（ウエストがきつ／ゆるすぎます）

It's too loud / quiet for me.（色が派手／地味すぎます）

It's too wild / drab.（柄が派手／地味すぎます）

It's just right.（ちょうどいいです）

「もう少し～はありませんか」

例文4は、

Don't you have anything larger (than this)?

（もう少し大きい物はありませんか）

ともいえます。例文4や上の文の larger（より大きい）の代わりに smaller（より小さい）、cheaper（より安い）、better（よりよい）などを入れていい替えることができます。

値段を聞く

これはいくらですか？

1 **How much is this?**

ハウ マッチ イズ ディス

1,500 円です。

2 **It is 1,500 yen.**

イッティズ ワンサウザント ファイブハンドレッド イェン

特売ですか？

3 **Is it on sale?**

イズィトン セール⤴

税込みで 1,575 円です。

4 **It is 1,575 yen with tax.**

イッティズ ワンサウザントファイブハンドレッドセブンティファイブ イェン ウィズ タクス

2,000 円あります。

5 **Here is 2,000 yen.**

ヒア リズ トゥーサウザント イェン

425 円のおつりです。

6 **Your change is 425 yen.**

ユア チエインジィズ フォーハンドレッド トゥエンティファイブ イェン

これを三つください。

7 **I'll take three of these.**

アイル テイク スリー オブ ディーズ

全部でいくらですか？

8 **How much for all of these?**

ハウ マッチ フォー ローロブ ディーズ

WORDS [on sale] 特売で、格安で

POINT

値段を聞く

例文1では How much is this? となっていますが、これは、最初から店員に聞く場合に使います。いくつか商品を見せてもらいながら既に話に出ているものを指して「いくらですか」と聞くときは、thisをitにして、

How much is it?

といいます。商品が複数であれば、How much are they? となります。また、いろんな物を注文して最後に「全部でいくらですか」と聞くいい方が、例文8ですが、これは How much is it...? の is it を省略した形です。for all of these の代わりに altogether（全体で）も使えます。逆に、店の人は、

That makes $50.00 in all.（全部で50ドルになります）

のように in all（全部で）を用いてもいいでしょう。「～になる」は make(s) の代わりに come(s) to を用いてもいいでしょう。

「～をください」

商品を買うと決めたときに、「～をください」というのが、例文7にあるI'll take... です。「これをください」は、次のようにいいます。

I'll take this.

I would like this one.

This one please.

お金を払うときの表現

It's too expensive for me!（それは私には高すぎます）

Do you give discounts?（安くなりませんか）

It's a very reasonable price.（とってもお買い得ですよ）

I'm sorry, this is the best price we can give.
（これ以上は値引きできません）

What about the price range?（予算はどれくらいですか）

Where do I pay for it?（お金はどこで払うのですか）

Please gift-wrap this.（贈り物用に包んでください）

I am short-changed.（おつりが足りません）

銀行で

1 近くに銀行はありますか？
Is there a bank near here?
イズ ゼアラ バンク ニア ヒア⤴

2 2,000ドル分をお願いします。
Let me have $2,000 worth.
レット ミー ハブ トゥーサウザントダラーズ ワース

3 円をドルに両替したいのです。
I would like to exchange yen for dollars.
アイ ウッド ライク トゥー イクスチェンジ イェン フォー ダラーズ

4 円の為替レートはいくらですか？
What is the exchange rate for yen?
ホワッティズ ディ イクスチェンジ レイト フォー イェン

5 口座を設けたいのです。
I would like to open an account.
アイ ウッド ライク トゥー オウプン アナカウント

6 送金したいのです。
I would like to transfer some money.
アイ ウッド ライク トゥー トランスファー サム マニイ

7 小切手を現金にしたいのです。
I would like to cash my check.
アイ ウッド ライク トゥー キャッシュ マイ チェック

8 ここにサインしてください。
Please sign here.
プリーズ サイン ヒア

WORDS [worth] 価値、相当分 [account]（預金）口座 [cash] 現金化する

POINT

両替

「AをBに両替したい」は例文4にあるように、I would like to exchange A for B.で表します。そのとき、小銭が必要ならば、
Please include some change.（小銭を入れてください）
といいます。大きなお札をくずしたいときは、次のようになります。
I would like to break a $100 bill.（100ドル札をくずしてください）
How would you like it?（どのようにくずしますか）
I would like one $50 bill and five $10 bills, please.
（50ドル札1枚と10ドル札5枚にしてください）
　例文4のように今日のレートを聞かれたときは、次の文を使います。
Today's exchange rate is 130 yen to the dollar.
（今日のレートは1ドル130円です）
　両替の際、国によっては
May I see your passport?（パスポートを見せてもらえますか）
と、パスポートなど身分を証明するものの提示を求められることがあるので、注意しましょう。

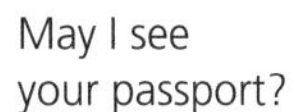

口座を設ける

　海外で銀行口座を設けるときは、例文5のようにいいます。
What kind of account would you like to open?
（どんな種類の口座になさいますか）
と聞かれたら、a savings account（普通預金）、a checking account（当座預金）、time deposit（定期預金）などのあとに please. をつけて答えます。

郵便局で

この手紙を出したいのですが。

1 I would like to mail this letter.

アイ ウッド ライク トゥー メイル ディス レター

80円切手を3枚お願いします。

2 Three 80 yen stamps, please.

スリー エイティ イエン スタンプス プリーズ

これを航空便で送りたいのですが。

3 I would like to send this air mail.

アイ ウッド ライク トゥー センド ディス エア メイル

何日ぐらいかかりますか？

4 How many days will it take?

ハウ メニイ デイズ ウィリット テイク

5日で着くはずです。

5 It should get there in five days.

イット シュッド ゲット ゼア イン ファイブ デイズ

速達で送ってください。

6 Please send it by express mail.

プリーズ センディット バイ イクスプレス メイル

郵送料はいくら必要ですか？

7 How much postage do I need?

ハウ マッチ ポステイジ ドゥ アイ ニード

記念切手はありますか？

8 Do you have any commemorative stamps?

ドゥー ユー ハブ エニイ コメモレイティブ スタンプス⤴

 WORDS [mail] 郵便で出す、郵送する [express mail] 速達 [postage] 郵便料金、郵送料

POINT

手紙を出す

「～を郵送する」は例文1では mail を用いています。mail は名詞で「郵便」の意味と、動詞で「郵送する、投函する」の意味があり、アメリカで用いられます。イギリスでは同じ二つの意味で post を用います。また「～を送る」の意味では send を用いることもできます。たとえば、

I would like to send this postcard to Japan.

(このはがきを日本に出したいのですが)

のように使えます。

「壊れ物です」

海外から日本へ、郵送で壊れやすい荷物を送るとき、係員に、

This is fragile. (これは壊れ物です)

と告げましょう。壊れ物注意か取り扱い注意のシールを貼ってくれます。

This is breakable.

ともいいます。

WORD LIST 郵便局での用語　**letter**(手紙), **postcard**(はがき), **return postcard**(往復はがき), **picture postcard**(絵はがき), **stamp**(切手), **revenue stamp**(収入印紙), **envelope** (封筒), **sea mail** (船便), **registered mail** (書留郵便), **mailbox** (郵便箱), **mailman** (郵便屋さん), **post office** (郵便局)

学校で

学校で何を勉強しているのですか？
1 **What do you study at school?**
ホワット ドゥー ユー スタディ アット スクール

アジアの歴史を勉強しています。
2 **I'm studying Asian history.**
アイム スタディング エイジャン ヒストリィ

どちらの学校に行っているのですか？
3 **Which school do you go to?**
ホウィッチ スクール ドゥー ユー ゴウ トゥー

ABC 大学へ行っています。
4 **I go to ABC University.**
アイ ゴウ トゥー エイビースィー ユニバーシティ

週に 3 日授業に出ます
5 **I attend classes three days a week.**
アイ アテンド クラスィズ スリー デイザ ウィーク

そこにどれくらい通っていますか？
6 **How long have you been going there?**
ハウ ロング ハビュー ビーン ゴウイング ゼア

今年で 2 年目です。
7 **This is my second year there.**
ディス イズ マイ セカンド イヤー ゼア

今日は授業はありません。
8 **I have no classes today.**
アイ ハブ ノウ クラスィズ トゥディ

 WORDS [Asian] アジアの [university] 大学 [attend] 出席する、参列する

POINT

「～を勉強しています」

大学などで「～を勉強している」をいうときは、例文2の I'm studying... があります。「～を専攻している」は、major（専攻科目、～を専攻する）を用い、
My major is...（私の専攻は～です）
I am majoring in...（私は～を専攻しています）
などということができます。「～学部」は、department を用いて、the literature department（文学部）、または the department of literature のようにいいます。逆に「専攻は何ですか」と尋ねるなら次の文です。
What is your major?
What are you majoring in?

「～年生」

日本の場合、学校制度は小学校（elementary / primary school）、中学（junior high school）、高校（high school）と6－3－3制ですが、アメリカでは州によって違い、多いのは、6－3－3制、6－2－4制、8－4制などです。「～年生」はgrade（学年、年級）を用いて表し、first grade（1学年）から twelfth grade（12学年）まで通して数えます。たとえば、
He is in the second grade at ABC elementary school.
（彼はABC小学校の2年生です）
のように用います。in the を忘れないようにしましょう。大学や4年制の高校では、gradeを用いないで、freshman（1年生）、sophomore(2年生)、junior(3年生)、senior(4年生)といいます。たとえば、
I'm a sophomore at ABC University.
（私はABC大学の2年生です）
のようにいいます。

WORD LIST 専攻科目の用語　**English**（英語）, **literature**（文学）, **law**（法学）, **economics**（経済学）, **business administration**（ビジネス経営）, **political science**（政治学）, **mathematics**（数学）, **physics**（物理）, **science**（科学）

学校

店を決める

おなかがすきませんか？

1 **Are you hungry?**

アー ユー ハングリィ⤴

ええ。何か食べましょう！

2 **Yes. Let's get something to eat!**

イエス レッツ ゲット サムスィング トゥー イート

何を食べたいですか？

3 **What would you like to eat?**

ホワット ウッジュー ライク トゥー イート

中華料理はどうですか？

4 **How about Chinese food?**

ハウ アバウト チャイニーズ フード

AB 飯店に行ったことがありますか？

5 **Have you been to AB Hanten?**

ハブ ユー ビーン トゥー エイビー ハンテン

ええ、3 回ほど。

6 **Yes, about three times.**

イエス アバウト スリー タイムス

それなら、どこか他へ行きましょう。

7 **In that case, let's go somewhere else.**

イン ザット ケイス レッツ ゴウ サムホウェア エルス

開店したばかりの店はどうですか？

8 **How about the one that just opened?**

ハウ アバウザ ワンザ ジャスト オウプンド

 WORDS [in that case] その場合 [somewhere] どこか [else] 他に

POINT

食事に誘うときのいろいろないい方

たとえば、「昼食をとりましょう」と誘いたいなら、have lunch（昼食をとる）を用いて、次のようないい方ができます。

Would you like to have lunch?
How would you like to have lunch?
How about (having) lunch?
Why not have lunch?
Why don't we have lunch?
Won't you have lunch?
Shall we have lunch?

上の文は lunch を dinner（夕食）、meal（食事）などにいい替えられます。

何を食べたいですか

食事の好みをあらかじめ聞いておくことで、楽しい食事時間が約束されます。とくに国が違えば、食習慣も違って当然。食事に行く前にちょっと聞いておきましょう。例文3の他にも、

What kind of food do you like?（どんな料理が好きですか）
What would you like to have?（何を食べたいですか）
What is your favorite food?（お好きな食べ物は何ですか）

などを使って尋ねてみましょう。答え方としては、Chinese food（中華料理）、French food（フランス料理）、Japanese food（和食）、meat（肉料理）、fish（魚料理）などが考えられます。

便利な How about...?

例文4と8に用いられている How about...? は「～はいかがですか、どうですか」とか「～についてどう思いますか」という意味です。～には名詞、あるいは名詞形が入ります。人に何かをすすめたり、誘ったり、意見を求めたりと、～の言葉を入れ替えることで、いろいろに応用がきいて便利です。たとえば、

How about going to the movies?（映画に行きませんか）

のように、食事以外にも幅広く使える表現です。

店に入る

何名様ですか？

1 **How many in your party?**

ハウ メニイ イン ユア パーティ

予約をしてあります。伊藤といいます。

2 **We have a reservation. My name is Ito.**

ウイ ハブァ リザベイション マイ ネイムィズ イトウ

6人用のテーブルはありますか？

3 **Do you have a table for six?**

ドゥー ユー ハブァ テイブル フォー シックス♪

窓際の席をお願いします。

4 **We would like a table by the window.**

ウイ ウッド ライカ テイブル バイ ザ ウィンドゥ

お待ちいただけますか？

5 **Do you mind waiting?**

ドゥー ユー マインド ウェイティング♪

どれくらい待つのですか？

6 **How long is the wait?**

ハウ ロング イズ ザ ウェイト

10分ぐらいです。

7 **About 10 minutes.**

アバウト テン ミニッツ

わかりました。待ちます。

8 **That's fine. We'll wait.**

ザッツ ファイン ウィル ウェイト

 WORDS [party] 一行、一団 [reservation] 予約 [mind]（〜を）いやがる、気にかける

POINT

人数ははっきりという

海外では店に入ると、店の人が例文1のように、How many in your party? とか How many? と聞いてきます。あるいは、人数を見て、
Two?（お二人ですか）
と確認されることもあります。そんなときは、はっきりと人数を伝えましょう。予約を取ってある場合は例文2のようにいいます。My name is... のところは、The name is... あるいは、グループ名で予約しているときなどは、Our name is... ということもあります。予約していないときは、
We have no reservation.（予約してありません）
といいます。席が空けば、店の人が、
This way, please.（どうぞ、こちらへ）
と案内してくれます。

Do you mind...?

「～していただけませんか」と頼むとき、例文5の Do you mind...?が使えますが、これは、答え方に注意が必要です。mind は、ここでは「(～することを) 気にする」という意味で使われているので、Yes, I do. と答えると、「はい、気にします」という意味になってしまいます。ですから、「かまいません」と答えたければ、No, not at all. とかAll right. といいます。誤解されないよう、気をつけてください。

WORD LIST 食事に関する言葉　**restaurant**（レストラン）, **Japanese-style restaurant**（料亭）, **cafeteria**（カフェテリア）, **dining room**（食堂）, **cloakroom**（コート預かり所）, **waiter/waitress**（ウェイター／ウェイトレス）, **breakfast**（朝食）, **lunch**（昼食）, **dinner**（夕食）, **supper**（夜食、軽い夕食）, **snack**（軽食）, **eat out**（外食する）

breakfast

lunch

dinner

食事

料理を決める

メニューを見せてもらえますか？

1 **May I have a menu, please?**

メイ アイ ハブァ メニュー プリーズ⤴

何を注文なさいますか？

2 **What would you like to order?**

ホワット ウッジュー ライク トゥー オーダー

もう少し待ってください。

3 **Please give me a few minutes.**

プリーズ ギブ ミー ア フュー ミニッツ

私は、これにします。

4 **I'll have this.**

アイル ハブ ディス

今日は何がおいしいですか？

5 **What is good today?**

ホワッティズ グッド トゥデイ

飲み物はいかがですか？

6 **Would you like a drink?**

ウッジュー ライカ ドリンク⤴

アルコールは飲みません。

7 **I don't drink alcohol.**

アイ ドント ドリンク アルコホウル

お茶をください。

8 **I'd like some tea.**

アイドゥ ライク サム ティー

 WORDS [menu] メニュー [order] 注文する [tea] 紅茶、お茶

POINT

注文の前に

海外のレストランでは、注文する前にメニューを見たいとき、例文1のようにいいます。この have を see に替えて
May I see a menu, please?
ともいいます。

そのメニューを見ていると、頃合をはかって例文2のように聞いてきます。あるいは、もっと直接的に、
Have you decided yet?（お決まりですか）
と聞かれます。もちろん、まだ決まってなければ、
Not yet.（まだです）
といって例文3を使えばいいでしょう。

注文の仕方

注文をするときは、メニューを指さしながら例文4を使うと楽です。「～をください」というのは、この I'll have... や例文8にある I would like... を用います。たとえば、
I would like this one and this one.（これとこれをください）
I would like the same, please.（同じものをください）
のようにいいます。最後に、
Anything else?（他にご注文は）
Is that all?（これで全部ですか）
といわれますから、それ以上なければ、下のように答えます。
No, thank you.（いいえ、けっこうです）
Yes, that's all.（ええ、全部です）

また、食品の名前でいうときは、
Three cheeseburgers and two coffees, please.
（チーズバーガー三つとコーヒー二つください）
のように、前に数をつけていいます。このとき注意したいのは、コーヒーや紅茶など、普通は複数形にならないものも複数形で用いられる点です。

おすすめ料理を聞く

初めての店やメニューを見ても決まらないときは、店の人に例文5や、
What is today's special?（今日の特別料理は何ですか）
のように聞いてみましょう。また、recommend(推薦する、すすめる)を用いて、
What do you recommend?（何がおすすめですか）
と尋ねてみるのもいいでよう。

和食をすすめる

納豆、刺身はどうも、という人もいますが、すし、てんぷら、すき焼き、しゃぶしゃぶなど、海外では日本食もかなりポピュラーになってきていますから、せっかく日本に来ている外国からのお客様には、ぜひおすすめしたいものです。
How about tempura?（てんぷらはいかがですか）
I would recommend sushi.（すしをおすすめします）
Sukiyaki is good for you, I think.（すき焼きがおいしいと思います）

肉の焼き方を尋ねる

レストランで調理方法を聞かれた場合は、下のようなやりとりになります。
How would you like your steak(meat)?
（ステーキはどう焼きますか）
Rare / medium-rare / medium / well-done, please.
（生焼け／やや生焼け／中ぐらい／よく焼いてください）
上の文の steak のところを、eggs に替えると、卵の調理方法を聞いていることになります。

飲み物を尋ねる

例文6のように尋ねたときは、飲み物すべてではなく、アルコール飲料をすすめていることになります。ですから、たとえば、

How about a drink?

といえば、「飲みに行きませんか」という意味になります。そこでこのa drinkを、something to drinkにして、

Would you like something to drink?（何か飲み物はいかがですか）

といえば、アルコール飲料に加えて、コーヒー、紅茶、ジュースなどすべての飲み物を意味することになります。

料理が終わったら

食事が終わったかどうかは、ナイフとフォークの置き方でわかるものですが、わかりにくいときは、

Are you finished?（お済みですか）

と尋ねられます。まだ済んでいないときは、

No. Not yet.（いいえ。まだです）

No, I'm not finished.（いいえ、まだ済んでいません）

とはっきりいいましょう。また、食事のあとには、

What would you like for dessert?（デザートは何になさいますか）

と聞いてきます。メニューを見せてもらって注文をするといいでしょう。

WORD LIST **食事に関する用語** **aperitif**（食前酒），**appetizer**（前菜），**soup**（スープ），**salad**（サラダ），**fish**（魚），**meat**（肉），**bread**（パン），**wine**（ワイン），**beer**（ビール），**champagne**（シャンパン），**dessert**（デザート），**fruit**（果物），**ice cream**（アイスクリーム），**sherbet**（シャーベット），**coffee**（コーヒー），**tea**（紅茶），**water**（水），**milk**（ミルク），**knife**（ナイフ），**fork**（フォーク），**spoon**（スプーン），**chopsticks**（おはし），**hard / soft boiled eggs**（固ゆで／半熟卵），**fried eggs**（目玉焼），**scrambled eggs**（いり卵），**poached eggs**（おとし卵），**well-done**（よく焼けた），**medium**（中ぐらい焼けの），**medium-rare**（やや生に近く焼けた），**rare**（生焼けの），**salty**（しょっぱい），**sour**（すっぱい），**spicy**（ぴりっとした），**hot**（からい），**mild**（刺激性の弱い、口当りのよい），**sweet**（甘い）

支払い

お勘定をお願いします。

1 **Check, please.**

チェック プリーズ

いくらですか?

2 **How much is it?**

ハウ マッチ イズィット

税込みで 8,900 円です。

3 **It is 8,900 yen with tax.**

イッティズ エイトサウザント ナインハンドレッド イエン ウィズ タクス

私が払うのはいくらですか?

4 **How much is my share?**

ハウ マッチ イズ マイ シェア

今日は私のおごりです。

5 **It's my treat today.**

イッツ マイ トゥリート トゥデイ

ビザカードは使えますか?

6 **Do you accept Visa cards?**

ドゥー ユー アクセプト ビザ カーズ↗

ここにサインしてください。

7 **Please sign here.**

プリーズ サイン ヒア

おつりです。

8 **Here is your change.**

ヒア リズ ユア チェインジ

 WORDS [check] 勘定書き [share] 割り当て、負担 [treat] もてなし、おごること

POINT

check と bill

勘定をしてもらうときは、例文1のようにいいますが、この check は「勘定書」の意味で主にアメリカでよく用いられます。他にbillを用いて、
Bill, please.
ということもできます。

「私のおごりです」

例文5にあるように「おごり」は treat で表します。treat は「おごること、もてなし、ごちそう」といった名詞の意味と、「もてなす、おごる、ごちそうする」といった動詞の意味があります。動詞では
Let me treat you to lunch.（お昼をごちそうさせてください）
のように用いることができます。「AにBをおごる」は treat A to Bです。
I'll buy you lunch.（お昼をごちそうしましょう）
It's on me.（おごりです）
のようにいうこともできますが、これは親しい間柄で用います。欧米では理由もなしに「おごる」ことはまずないので、なぜおごるのか理由もいったほうがいいでしょう。会社の接待でもてなすときは、
It's on the company.（会社で支払います）
といいます。では、割り勘にするときは何というのでしょう。
Let's share the bill.
となります。share（分ける）を split に替えてもかまいません。

カードの使用

店によって使用できるカードとそうでないものとがあります。海外でも日本と同じように、レジなどのよく目だつ場所に、使用できるカードのマークが貼ってありますが、不安なときは特定のカードを指して、例文6のように聞いてみます。自分の持っているカードを示して、
Do you accept this card?（このカードは使えますか）
とか、カードを主語にして
Is this card taken here?（このカードはここで使えますか）
ということもできます。

予定を話す

この日曜日は空いていますか？

1 Are you free this Sunday?

アー ユー フリー ディス サンディ↗

午前中は予定がありますが。

2 I have plans for the morning.

アイ ハブ プランズ フォー ザ モーニング

家でパーティを開くのです。

3 I'm having a party at my house.

アイム ハビンガ パーティ アット マイ ハウス

何時に始まりますか？

4 What time will it start?

ホワッ タイム ウィリット スタート

5時ごろです。

5 Around five o'clock.

アラウンド ファイブォクロウク

できたらいらしてください。

6 Please come if you can.

プリーズ カム イフ ユー キャン

行きます。

7 I'll be there.

アイル ビー ゼア

よろしければ友だちも連れていらしてください。

8 Bring a friend if you want.

ブリンガ フレンド イフ ユー ウォント

 WORDS [free] 暇な、仕事のない [plan] 計画

POINT

家に招待するときのいろいろないい方

自分の気持ちを述べることで相手を誘ういい方があります。

I would like to invite you to my house.
(家にあなたを招待したいのですが)

Would you like to...? はていねいで、だれに対しても使えます。

Would you like to come to my house for dinner?
(夕食にうちにいらっしゃいませんか)

Would you like to come to my house for dinner at 7 o'clock this Friday?
(この金曜日の7時に、夕食にうちにいらっしゃいませんか)

もっと、親しい間柄でいうときには、

Why don't you come to my house next Saturday?
(次の土曜日にうちにいらっしゃい)

Can you come to dinner at our house tomorrow night?
(明日の夜、夕食にうちに来られますか)

などが、いいでしょう。

どんなパーティか伝える

パーティに招くときは、どういう種類のものであるか相手に伝えておくと親切です。相手から

What kind of party will this be? (どんなパーティですか)

と聞かれたときは、

It's an informal gathering of friends. (友人の気軽な集まりです)

It's a dinner / birthday. (夕食会/誕生日会です)

などと答えます。

招待

家を教える

お住まいはどちらか教えてください。

1 **Please tell me where you live.**

プリーズ　テル　ミー　ホウェア　ユー　リブ

恵比寿のあたりはよくご存じですか？

2 **Do you know the Ebisu area well?**

ドゥー　ユー　ノウ　ディ　エビス　エリア　ウェル↗

いいえ、よくわかりません。

3 **No, not really.**

ノウ　ノット　リアリイ

駅からの地図をかきましょう。

4 **Let me draw you a map from the station.**

レット　ミー　ドロウ　ユー　ア　マップ　フロム　ザ　ステイション

これにかいてください。

5 **Please draw it on this.**

プリーズ　ドロウ　イットォン　ディス

これでいいでしょうか？

6 **Will this do?**

ウィル　ディス　ドゥー↗

見つけられると思います。

7 **I think I'll be able to find it.**

アイ　スィンク　アイル　ビー　エイブル　トゥー　ファインディット

もし迷ったら電話してください。

8 **If you get lost, call me.**

イフ　ユー　ゲット　ロスト　コール　ミー

POINT

地図をかく以外に

家を教えるのに、言葉だけでわからないときは、例文4のようにいって地図をかいてあげましょう。あらかじめ地図をかいてきてある場合は、**Here is a map to my house.**（ここにうちへの地図があります）といって渡します。地図以外にも、相手がその土地に不慣れな場合、
I'll meet you at the station at seven.
(駅で7時に待ち合わせましょう)
I'll come and pick you up around six.(6時ごろ迎えに行きます)
と申し出るのもいいでしょう。

Will this do? の do

例文6の Will this do? の do は「まにあう、用が足りる、役にたつ」などの意味です。例文6は直訳すると「これはまにあいますか」となり、自分でかいた地図のことをいっています。他に、同じ doの用い方では、
That will do.（それでけっこうです）
That won't do.（それではだめです）
などがあります。

住所のいい方

日本の住所は都道府県名のあとに、市・区・郡・町・村が続き、最後に〇丁目〇番地のいくつとなります。それを、英語式にいうと、番地から先にいうことになり、たとえば、神田錦町3丁目15番地の5なら、
fifteen five kandanishiki-cho san chome
となります。もちろん、書くときは 15-5、3-chome と数字を使います。

招待

飲み物をすすめる

何か飲み物でもいかがですか？
1 **Would you like something to drink?**
ウッジュー ライク サムスィング トゥー ドリンク↗

ええ、お願いします。
2 **Yes, please.**
イエス プリーズ

いいえ、けっこうです。またあとで。
3 **No, thank you. Maybe later.**
ノウ サンキュー メイビー レイター

どうぞおかまいなく。
4 **Please don't bother.**
プリーズ ドント ボザァー

何をお飲みになりますか？
5 **What would you like to drink?**
ホワット ウッジュー ライク トゥー ドリンク

コーヒー一杯いかがですか？
6 **How about a cup of coffee?**
ハウ アバウタ カッポブ コーフィ

コーヒーはどのようにしますか？
7 **How would you like your coffee?**
ハウ ウッジュー ライク ユア コーフィ

砂糖とクリームを入れてください。
8 **With sugar and cream, please.**
ウィズ シュガー アンド クリーム プリーズ

 WORDS [bother] 気にする [sugar] 砂糖 [cream] クリーム

POINT

飲み物のすすめ方

お客様がいらしたときは、まず何か飲み物をすすめます。そんなときに使うのが例文1です。これはていねいないい方で to drink を to eat に代えれば、食べ物をすすめるときにも使えます。他に、Would you like...? を How about...? に替えて

How about something to drink?(何か飲み物はいかがですか)

Can I get you something to drink?

(何か飲み物を持ってきましょうか)

ともいいます。夜、大人の集まりなら最初から、

How about a drink?（お酒はどうですか）

と、グラスを持ち出してきてもいいでしょう。

「おかまいなく」

ちょっとした用で伺ったお宅で、飲み物などをすすめられたときに「どうぞおかまいなく」というのが、例文4です。bother は「悩ます」の意味ですが、ここでは「気にする、わざわざ～する」といった意味で用いられています。

I won't take long.（すぐ失礼します）

とつけ加えるといいでしょう。

How would you like your…?

コーヒーや紅茶の好みを尋ねるとき、例文7の How would you like your...? を用います。～には coffee（コーヒー）や tea（紅茶）の他に､steak（ステーキ）や eggs（卵）を入れて、肉の焼き具合いや、目玉焼きやゆで卵など卵の調理方法を尋ねることができます。

コーヒーの好みのいい方をまとめておきましょう。

Black, please.（ブラックにしてください）

With extra cream, please.（クリームをたっぷりお願いします）

With milk, not cream, please.(クリームでなくミルクをください)

日本では、ミルクを入れるといいますが、コーヒーには milk(牛乳)ではなく cream（生クリーム）です。紅茶には milkでしょう。ミルクティーは tea with milk といいます。

招待

部屋へ案内する

どうぞお入りください。

1 **Please come in.**

プリーズ カミン

靴を脱いでください。

2 **Please take off your shoes.**

プリーズ テイクォフ ユア シューズ

こちらへどうぞ。

3 **This way, please.**

ディスゥエイ プリーズ

どうぞお座りください。

4 **Please have a seat.**

プリーズ ハブァ シート

気楽になさってください。

5 **Make yourself at home.**

メイク ユアセルフ アット ホウム

とてもすてきなお部屋ですね。

6 **This is a very nice room.**

ディスィザ ベリイ ナイス ルーム

この部屋は母が飾り付けました。

7 **My mother decorated this room.**

マイ マザー デコレイティッド ディス ルーム

トイレをお借りできますか？

8 **May I use the bathroom?**

メイ アイ ユーズ ザ バスルーム⤴

 WORDS [seat] 座席、シート [decorate] 飾る、壁紙を貼る [bathroom] 浴室、トイレ

POINT

家に招き入れる

家や部屋の中へ人を招き入れるとき、例文1を使います。親しい間柄では、Come in!（さあどうぞ）でいいでしょう。また、「さあどうぞどうぞ」と招き入れる感じがするいい方に、
Please come on in.（さあどうぞお入りください）
Come right in!（さあさあどうぞ）
もあります。

玄関で

相手が靴を脱ぐことに気づいていない場合は、遠慮せず例文2のようにいっていいでしょう。ただし、直接的ないい方なので親しい間柄の相手に限って用います。ていねいにいうときは、be supposed to...（～することになっている）を用いて、
We are supposed to take off our shoes here.
（ここで靴を脱ぐことになっています）
といいます。そのあとは、
Follow me, please.（どうぞ、ついてきてください）
または、例文3のようにいって部屋に案内します。正しくは、
Please come this way.
で、ていねいにいうときは、こちらを用います。

「どうぞお楽に」

例文4と5を続けて、Please have a seat and make yourself at home.（座って楽にしてください）ということもあります。「楽になさってください」は他に、at home の代わりに comfortable（気楽な）や relax（くつろぐ）を用いて、
Please make yourself comfortable.
Please relax.
ということができます。また、和室などでは
Please stretch your legs.（脚を伸ばしてください）
とすすめます。

招待

トイレを借りる

例文8では、個人の家での会話なので、トイレを bathroom としています。bathroomは「浴室」ですが、欧米の家庭では普通、浴室の中に toilet（便器）と washstand（洗面台）があり、bathroomがトイレを意味することもあります。デパートやホテル、劇場といった公共の建物の中では、rest room（洗面所）をよく用います。他にpowder room（化粧室）や lavatory（洗面所）も用いられます。しかし、bathroom でも rest roomでも意味はどちらも通じます。他に、

Where is the rest room?（トイレはどこですか）

ということもできます。そう聞かれたら、たとえば

It's the second door on the left.（左側の二つ目のドアです）

のように答えましょう。

家を案内するとき

欧米の家庭を訪問すると、すべての部屋を案内してくれることがあります。日本の家屋も案内してみましょう。

Let me show you around our house.(家の中をお見せしましょう)

といって、順に家の中を回ります。そして、

We don't have a tatami room.（畳の部屋はありません）

We have three bedrooms.（寝室は三つあります）

などと説明します。

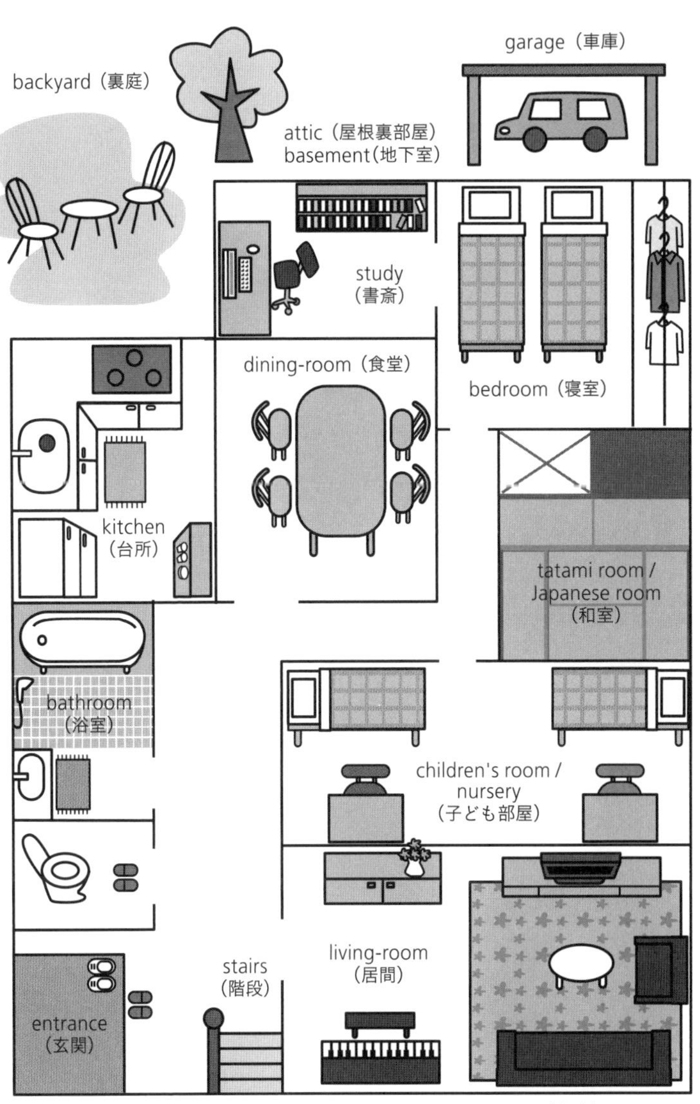
backyard（裏庭）
garage（車庫）
attic（屋根裏部屋）
basement（地下室）
study
（書斎）
dining-room（食堂）
bedroom（寝室）
kitchen
（台所）
tatami room /
Japanese room
（和室）
bathroom
（浴室）
children's room /
nursery
（子ども部屋）
living-room
（居間）
stairs
（階段）
entrance
（玄関）
wastern-style room（洋室）

招待

承諾を伝える

お招きいただいてありがとう。

1 **Thank you for inviting me.**

サンキュー フォー インバイティング ミー

ぜひ、伺います。

2 **I would love to come.**

アイ ウッド ラブ トゥー カム

何時に伺えばいいですか？

3 **What time should I be there?**

ホワッタイム シュッダイ ビー ゼア

6時前に来てください。

4 **Please come before six o'clock.**

プリーズ カム ビフォー シックスォクロウク

何か持って行くものはありますか？

5 **Is there anything I can bring?**

イズ ゼア エニスィング アイ キャン ブリング↗

贈り物を交換する予定です。

6 **We're going to exchange presents.**

ウイアー ゴウイング トゥー イクスチェンジ プレゼンツ

それを持って行きます。

7 **I'll bring one.**

アイル ブリング ワン

6時を忘れないでね。

8 **Don't forget it's six o'clock.**

ドント フォゲット イッツ シックスォクロウク

POINT

承諾の仕方

例文1や例文2の他にもいろいろな答え方があります。たとえば、Would you like to come to my house?（家へいらっしゃいませんか）に対しては、

Yes, I would like to.（ええ、伺います）

Yes, I would love to.

と答えます。like に対して love は女性がよく用います。他にも、次のような返答例があります。

Okay / OK.（いいですよ）

Sure.（もちろん）

Great.（すてきね）

Thank you.（ありがとう）

I'll be glad to come.（喜んでお伺いします）

Thank you for the invitation.（ご招待ありがとう）

When can I see you?（いつ会えますか）

When can we get together?（いつ会えますか）

はっきり返答できないとき

予定がたたないときなどは、簡単に No. といわず、決断できない旨をいいましょう。下の make it は「都合をつける」という意味です。

I probably won't make it.（たぶん行けないと思います）

I'm not sure yet.（まだわかりません）

I'll let you know soon / tomorrow.（すぐ／明日、連絡します）

不都合を伝える

考えさせてください。

1 **Let me think about it.**

レット　ミー　スィンカバウティット

また連絡します。

2 **I'll get back to you.**

アイル　ゲット　バック　トゥー　ユー

残念ですがお伺いできません。

3 **I'm sorry I can't go.**

アイム　ソーリイ　アイ　キャント　ゴウ

都合をつけられません。

4 **I can't make it.**

アイ　キャント　メイキィット

忘れていました。

5 **I forgot about it.**

アイ　フォゴッタバウティット

ほんとうに行ければいいのですが。

6 **I really wish I could go.**

アイ　リアリイ　ウィッシュ　アイ　クッド　ゴウ

楽しんでください！

7 **Have fun!**

ハブ　ファン

また次回に。

8 **Maybe next time.**

メイビー　ネクスト　タイム

 WORDS [get back]（もとへ）戻る　[make it] 都合をつける　[fun] 楽しみ

POINT

断る理由を

その場で断るときは、相手の気持ちを損なわないよう、断りたいものです。ただ単に、
I can't go / come.（私は行けません）
といっただけでは失礼です。やはり例文3のように、I'm sorry（残念ですが、ごめんなさい）や I'm afraid（残念ですが）を必ずいうべきです。そして、できればその理由を伝えたほうがいいでしょう。たとえば、
I have other plans.（他の計画があります）
I have another appointment.（他の約束があります）
と簡単にいいます。続けてその計画や約束の内容まで話す必要はありませんが、親しい間柄では、正直にいうほうがいいこともあるでしょう。

126ページや128ページで「行く」は come と go の二つが使われていますが、どちらも間違いではありません。相手を中心に考えていう場合は come、自分を中心に考えていう場合は go を用います。

誘ってもらったお礼を

招待を断らなくてはならない場合でも、誘ってもらったお礼はきちんといいましょう。
Thank you anyway.（とにかくありがとう）
Thank you just the same.（とにかくありがとう）
Thank you for asking me.（お声をかけてくださってありがとう）

次回へ話をつなぐ

例文8にある maybe は「たぶん、おそらく」の意味で、今回は行けないけれど、次回にはたぶん行けるということです。
Maybe another time.（また別のときに誘ってください）
I'll join you next time.（次回はお伺いします）
Can you take a rain check?（また次の機会に誘ってもらえませんか）
ちなみに rain check とは、雨のために屋外競技などが中止になった場合、次回に来られるように出す予約券のことです。そこから上の文は、今日は行けないので、次回にしてくださいという意味になります。

入口で

お待ちしていました。
1 **We've been waiting for you!**
ウィブ ビーン ウェイティング フォー ユー

遅れてすみません。
2 **Sorry, we're late.**
ソーリイ ウイアー レイト

タクシーがつかまらなかったのです。
3 **We couldn't find a taxi.**
ウイ クドゥント ファインダ タクシ

気にしないでください。
4 **Don't worry about it.**
ドント ウォーリイ アバウティット

まだ他の人たちもいらしていません。
5 **We're still waiting for the others.**
ウイアー スティル ウェイティング フォー ディ アザーズ

コートをお預かりしましょうか?
6 **May I take your coat?**
メイ アイ テイキュア コート↗

お座りになってくつろいでください。
7 **Have a seat and relax.**
ハブァ シータンド リラックス

お招きいただいてありがとう。
8 **Thank you for inviting us.**
サンキュー フォー インバイティングァス

WORDS [relax] くつろぐ

POINT

客を迎えるいい方

例文1の We've は We have の略です。We となっているのは、夫婦など複数の人を指し、have been waiting でその人たちがずっと待っていたということになります。客を迎えるときのいい方で他に、
It's so nice of you to come. (よくいらっしゃいました)
があります。また、来てもらってうれしいという気持ちを表したいときは、
Thank you for coming. (来てくださってありがとう)
I'm so glad you could come.(来てくださってとてもうれしいです)
といいます。

入口で

冬など寒い季節や雨の日には、会場の入口で例文6のようにいいます。他の季節でも coat を hat(帽子) や bag(バッグ)、umbrella(かさ) などに置き替えて用いることができます。このとき、
It's cold, isn't it? (寒いですね)
It's raining hard. (ひどい雨です)
などと天気の話を交わすのもいいでしょう。

玄関先に着いたら

招待されて、相手宅に着いたときには、何といったらいいでしょう。
Hello. Is this the Smith residence?
(こんにちわ。こちらはスミスさんのお宅ですか)
I'm here to see Kate. (ケイトに会いにきました)
I'd like to see Kate. (ケイトにお会いしたいのですが)
Does Kate Smith live here?(ケイト・スミスはこちらにいますか)

パーティ

紹介された人と話す

佐藤さんを紹介します。

1 **Let me introduce Mr. Sato.**

レット ミー イントロデュース ミスタ サトウ

佐藤さん、こちらはベスとニックです。

2 **Mr. Sato, this is Beth and Nick.**

ミスタ サトウ ディスィズ ベス アンド ニック

お会いできてうれしいです。私は佐藤たかしです。

3 **Nice to meet you. I'm Takashi Sato.**

ナイス トゥー ミーチュー アイム タカシ サトウ

彼女とは長い付き合いですか？

4 **Have you known her long?**

ハビュー ノウン ハー ロング

5年かそれくらいです。

5 **Around five years or so.**

アラウンド ファイブ イヤーズォア ソウ

昼休みによく顔を会わせました。

6 **I used to see her at lunch time a lot.**

アイ ユースト トゥー シー ハーラット ランチ タイムァ ロット

どんな仕事をなさっているのですか？

7 **What kind of work do you do?**

ホワット カインドブ ワーク ドゥー ユー ドゥー

商社に勤めています。あなたは？

8 **I work for a trading company. And you?**

アイ ワーク フォーラ トレイディング カンパニイ アンジュー

WORDS [trading] 貿易する [company] 会社

POINT

紹介のルール

　紹介の仕方については31ページにも述べたとおり、まず男性を女性に、目下の人を目上の人に紹介します。しかし、若い女性と、明らかに年配で社会的地位も高いと思われる男性との場合は、女性を男性に紹介することになり、そのときの状況によって順序が変わることもあります。例文1は、

I would like you to meet Mr.Sato.

（佐藤さんに会わせたいのですが）

といってもいいでしょう。もし佐藤さんを目上の人に紹介するときは、

May I introduce Mr.Sato?（佐藤さんを紹介してもいいですか）

と May I...? を用いて、ていねいにいいます。

紹介のあとの会話

　紹介された相手と会ったことはないが、話は聞いているというときは、

I've heard a lot about you.（おうわさはお伺いしています）

といいます。また、紹介されたとき、誰の友人とか同僚であることがわかっているので、そのことから話を続けることができます。例文7では仕事について尋ねています。ここではWhat kind of work で「どんな種類の仕事」と遠回しに聞いていますが、具体的に勤務先や会社名を尋ねたいときは、

What company do you work for?(どちらの会社にお勤めですか)

Who do you work for?（どちらにお勤めですか）

となります。答えは例文8のようにいうか、with を使ってもいいでしょう。

I'm with ABC Company.（ABC会社に勤めています）

また、

What do you do for a living?(どういうことをなさっていますか)

と聞いてもかまいません。他に、

Where do you come from?（ご出身はどちらですか）

What is Texas like?（テキサスはどんなところですか）

What is your hobby?（趣味は何ですか）

などと尋ねて会話を続けます。

料理を食べる

サラダをもっといかがですか？
1 **Would you like more salad?**
ウッジュー ライク モア サラド♪

ええ、いただきます。
2 **Yes, please.**
イエス プリーズ

いいえ、けっこうです。
3 **No, thank you.**
ノウ サンキュー

十分いただきました。
4 **I've had enough.**
アイブ ハディナフ

もっとお取りください。
5 **Please help yourself to more.**
プリーズ ヘルピュアセルフ トゥー モア

塩を回してください。
6 **Please pass the salt.**
プリーズ パス ザ ソールト

お味噌汁をもう一杯いかがですか？
7 **Would you like another helping of miso soup?**
ウッジュー ライカナザー ヘルピングォブ ミソ スープ♪

スープをもう一杯いただけませんか？
8 **May I have another bowl of soup?**
メイ アイ ハブァナザー ボウル ォブ スープ♪

WORDS [salad] サラダ [salt] 塩 [soup] スープ

POINT

「もう十分です」

　おいしそうなお料理を目の前にしたとき、
This looks great!（おいしそう）
This smells delicious!（おいしそうなにおい）
といえば、
Please help yourself.（どうぞ召し上がってください）
とすすめられます。ホスト、ホステス側は、そのあとも例文1のようにWould you like more...?（～をもっといかがですか）や、Would you like another helping of...?（～のおかわりはいかがですか）といってくれます。もっと簡単にいうこともできます。
More beer?（もっとビールをいかが）
　いただくときは例文2のように、Yes, please. と答えます。もういらないときは例文3と4を続けて No, thank you. I've had enough. と答えましょう。enough（十分な）は同じ意味の plenty でもかまいません。また、断る理由として、
I need to save room for dessert.
（デザートのためにとっておかないといけません）
というのもおもしろいでしょう。
　自分から「～をもう少しいただけますか」といいたいときは、例文8を使います。この another の後ろには、単数の名詞がきて「もう一つの」ということなので、数えられない飲み物などの場合は、それが入っている容器を指して「1杯」と数えられるものにします。また、May I have some more...? を用いると、数えられるもの、数えられないもの、どちらにも使えます。

「～を回してください」

　食事中に自分の前に調味料などがないとき、人の前に手を伸ばしたりしないで、例文6のように近くの人にいって、取ってもらいます。passのところを give me に替えてもかまいません。
Please pass me the...（～を私に回してください）
ということもあります。

帰るとき

遅くなりました。

1 **It is getting late.**

イッティズ ゲッティング レイト

そろそろ失礼しなければなりません。

2 **I must leave soon.**

アイ マスト リーブ スーン

そんなに早くお帰りですか？

3 **Are you leaving so soon?**

アー ユー リービング ソウ スーン⤴

もう少しいらしてください。

4 **Please stay a little longer.**

プリーズ ステイ ア リトル ロンガー

ほんとうに失礼しなければなりません。

5 **I really must go.**

アイ リアリイ マスト ゴウ

朝早い約束があるのです。

6 **I have an early appointment.**

アイ ハブァン ナーリイ アポイントメント

皆さんによろしくお伝えください。

7 **Please say goodbye to everyone for me.**

プリーズ セイ グッバイ トゥー エブリワン フォー ミー

どうぞまたいらしてください。

8 **Please come again.**

プリーズ カマゲイン

POINT

「失礼しなければなりません」

例文2の退出の切り出し方は、他にもいろいろないい方があります。例文5のように leave（去る）を go（行く）といい替えることもできます。soon（まもなく）はなくてもよく、代わりに now（もう）を使うこともあります。また、前に I'm afraid（残念ながら）や I think（〜だと思う）をつけていうこともあります。

(I'm afraid) I must go now.
I have to go now.
I must be going.
(I think) I should be going.
I must be on my way.

しつこく引き留めない

例文3は、
So soon?（そんなに早く）
だけでもよいです。
帰ろうとする客に対してもう少しいてほしいときは、例文4や、Please の代わりに Can't you, Must you を使って、
Can't you stay a little longer?（もう少しいられませんか）
Must you go so soon?（そんなに早く帰らないとだめですか）
と一言いうくらいならいいのですが、日本人どうしのようにあまりしつこく引き留めないほうがいいでしょう。

よろしく、の伝え方

例文7の say goodbye to...(for me). は、パーティーなどでさよならをいえなかった相手に、「〜さんによろしく」と伝えてもらういい方です。帰るときでなく、普通の会話の中で、「〜さんによろしく」は Say hello to...(for me) です。一緒に覚えておくと便利です。
また、少し改まったいい方では、
Please give everyone my regards.（皆さんによろしくお伝えください）がよく使われます。regards を best wishes に替えてもいいでしょう。

お礼をいう

来てくださってありがとう。
1 **Thank you for coming.**
サンキュー フォー カミング

お招きいただいてありがとう。
2 **Thank you for inviting me.**
サンキュー フォー インバイティング ミー

すてきな夜でした。
3 **Thank you for a nice evening.**
サンキュー フォー ア ナイスィブニング

すばらしいお食事でした！
4 **It was a wonderful dinner!**
イット ワズァ ワンダフル ディナー

とても楽しかったです。
5 **I had a very good time.**
アイ ハッダ ベリイ グッ タイム

それはよかったです。
6 **I'm glad to hear that.**
アイム グラッ トゥー ヒア ザット

近いうちに私の家にもぜひ来てください。
7 **You must come to my house soon.**
ユー マスト カム トゥー マイ ハウス スーン

また集まりましょう。
8 **Let's get together again.**
レッツ ゲッ トゥゲザー アゲイン

POINT

お互いのお礼の言葉

ホストやホステスが客を見送るときには、来てもらったお礼を例文1のようにいったり、
I'm glad you could come.（来てくださってうれしいです）
といいます。客を迎えるときにも用いますが、見送るときもよく用います。

その言葉に対して、客のほうは例文2のように返し、例文3、4、5などの言葉を続けます。例文5にある have a good time は「楽しいときを過ごす」の意味で、
I had a great time.
I had a lot of fun.
I really enjoyed myself.
も同じ意味です。夫婦やグループで招かれていた場合は I や me、my のところを We か us、our にしていいましょう。最後に客を送り出すときには、Take care on the way home.（気をつけてお帰りください）と声をかけます。

「それはよかったです」

例文6は相手から何かよいことを聞いたときに返す決まり文句です。例文6の場合は、客の「とても楽しかった」という言葉に対して、「その言葉を聞いて私はうれしい」ということです。逆に相手から悪いことを聞いたときは、glad（うれしい）を sorry（残念な）に替えて、
I'm sorry to hear that.（それはいけませんね）
といいます。一緒に覚えておくといいでしょう。

「また今度お会いしましょう」

楽しいパーティだったという気持ちを表現するのに、次回もまた、あるいは例文7のようにこちらの家にも、などとつけ加えるといいでしょう。
I'm looking forward to your coming again.
（またいらしていただけるのを楽しみにしています）
Please come to the next party.
（次回のパーティにぜひ来てください）

名所を聞かれる

この近くに名所はありますか？

1 **Are there sights to see near here?**

アー ゼア サイツ トゥー シー ニア ヒア⤴

芝公園に増上寺があります。

2 **There is Zojoji in Shibakoen.**

ゼアリズ ゾウジョウジ イン シバコウエン

他に何かありますか？

3 **Is there anything else?**

イズ ゼア エニイスィングエルス⤴

東京タワーに行ったことはありますか？

4 **Have you been to Tokyo Tower?**

ハビュー ビーン トゥー トウキョウ タワー⤴

少なくとも一度は行くといいでしょう。

5 **You should go there at least once.**

ユー シュッド ゴウ ゼア アット リースト ワンス

景色がすばらしいですよ。

6 **The view is wonderful.**

ザ ビュウ イズ ワンダフル

あなたのいるホテルの近くにあります。

7 **It is near your hotel.**

イッティズ ニア ユア ホテル

行き方をお教えしましょう。

8 **I will show you how to get there.**

アイ ウィル ショウ ユー ハウ トゥー ゲッ ゼア

 WORDS [sight] 名所 [at least] 少なくとも [hotel] ホテル [view] 景色

POINT

名所を聞かれる

「名所」は例文1では、sights を用いていますが、他に place of interest ともいいます。また、sightseeing spot（観光地）、remains（遺跡）、historic sites（史跡）などの単語にもいい替えられます。例文1の Are there...?（～はありますか）は、～に入るものが単数の場合なら例文3のように Is there...? となります。他のいい方では、
I would like to go sightseeing.（観光に行きたいのですが）
とか、そのあとに続いて
Can you make some suggestions?（どこがいいか教えてもらえますか）と尋ねられたりします。make suggestion で「提案する」の意味です。

名所を教える

例文2のように There is...in,,,.（,,,に～があります）や、
How about...（～はどうですか）
と教えます。また、例文4のように Have you been to...?（～へは行ったことがありますか）という提案の仕方もあります。相手が、
That sounds like a nice place.（よさそうなところですね）
I've never been there.(私は一度もそこへ行ったことがありません)
などと答えてきたら案内のチャンス。例文5、6、7のように提案した場所の情報も、少し教えてあげるといいでしょう。他に、たとえば、
There are many temples and shrines in Kamakura.
(鎌倉には寺や神社がたくさんあります)
Ryoanji Temple is well known for its rock garden.
(竜安寺は石庭でよく知られています)
いい場所が思いつかない場合は、tourist information center（観光案内所）を教えましょう。

案内

店を聞かれる

どこかいいレストランを知りませんか？

1 **Do you know of any good restaurants?**

ドゥー ユー ノウ オブェニイ グッ レストランツ↗

青山の ABC はどうですか？

2 **How about ABC in Aoyama?**

ハウ アバウト エイビースィ イン アオヤマ

料理がおいしいです。

3 **The food is delicious.**

ザ フーディズ デリシャス

値段が手ごろです。

4 **The prices are reasonable.**

ザ プライスィズァー リーズナブル

行き方を教えてもらえますか？

5 **Can you tell me how to get there?**

キャニュー テル ミー ハウ トゥー ゼッ ゼア↗

地下鉄の駅の近くです。

6 **It's near the subway station.**

イッツ ニア ザ サブウェイ ステイション

予約したほうがいいのでしょうか？

7 **Should I make reservations?**

シュッダイ メイク リザベイションズ↗

そこは予約を受けません。

8 **They don't take reservations.**

ゼイ ドント テイク リザベイションズ

 WORDS [reasonable] 道理にかなった [price] 価格、値段 [subway] 地下鉄

POINT

人に情報を聞くとき

いい店などの情報を得たいときは、例文1のように Do you know of...?（～をご存じですか）と人に聞きます。他に recommend（推薦する）を用い、Can you recommend...?（～を推薦してもらえませんか）ということができます。また、I would like to...（～したいのです）といったあとで、suggestion（提案）を用いて、
Do you have any suggestions?（何か提案はありますか）
と続ける聞き方もあります。
Any suggestions?
だけでもかまいません。

いい店を教える

どこかいいレストランを教えてほしいといわれたときは、まず、
What kind of food do you like?（どんな料理が好きですか）
Have you had...before?（前に～を食べたことはありますか）
と尋ねてみましょう。その返事を聞いてから、相手の求めているいい店を教えましょう。例文2のように How about...?（～はどうですか）とか、I would recommend...（～をおすすめします）といいます。
そこをすすめる理由として、例文3と4の他に、
That restaurant is very popular.
（そのレストランはとても人気があります）
I'm sure you'll like it.（きっと気に入ると思います）
などといえます。

一緒に案内する

その店はわかりにくいです。
1 **That store is hard to find.**
ザット ストー リズ ハード トゥー ファインド

そこへお連れします。
2 **I will take you there.**
アイ ウィル テイキュー ゼア

この辺りは何ていうのですか？
3 **What is the name of this area?**
ホワッティズ ザ ネイムォブ ディス エアリア

銀座です。
4 **It is called Ginza.**
イッティズ コールド ギンザ

買い物に来るのにいいところです。
5 **It is a good place to go shopping.**
イッティザ グッ プレイス トゥー ゴウ ショッピング

デパートがいくつかあります。
6 **There are some department stores there.**
ゼアラー サム デパートメント ストーズ ゼア

中に入りますか？
7 **Would you like to go in?**
ウッジュー ライク トゥー ゴウ イン⤴

とても混んでいますね。
8 **It is very crowded.**
イッティズ ベリィ クラウディッド

WORDS [crowded] 混雑した

POINT

「お連れします」

その場所に不慣れな人には、できれば一緒に行って案内してあげると、相手の人は助かります。そんなとき、例文2のようにいいます。
Let me take you there.
ともいいます。相手がそれを望んでいるかどうかわからない場合は、
I'll take you there if you would like it.
(もしよければ、お連れします)
と if you would like it (もしあなたが望むなら) をつけていいます。
また、歩いていける比較的近い場所へは、ていねいないい方で
May I lead the way? (ご案内しましょうか)
親しい人には
Please follow me. (ついてきてください)
ともいえます。

好みを聞いて

人を案内するときは、その人の興味が何にあるか聞いたほうがいいでしょう。たとえば、単に、東京へ行きたいという人に対して、
Are you interested in computers?
(コンピュータに興味がありますか)
Do you like plays? (お芝居は好きですか)
などと聞いて、秋葉原の電気街や劇場へ案内すると喜ばれます。また、一緒に行くのなら、行った場所では、
Is there anything else you would like to see?
(他に見たいところはありませんか)
という聞き方もあります。

チケットを買う

芝居を見たいのですが。

1 **I would like to see the play.**

アイ ウッド ライク トゥー シー ザ プレイ

切符を 3 枚ほしいのです。

2 **I need three tickets.**

アイ ニード スリー チケッツ

何日がいいですか？

3 **For which day?**

フォー ホウィッチ デイ

7 月 4 日の夜はどうでしょう？

4 **How about the night of July 4th?**

ハウ アバウト ザ ナイトブ ジュライ フォース

どこの席がいいですか？

5 **Where would you like to sit?**

ホウェア ウッジュー ライク トゥー シット

S 席の切符はいくらですか？

6 **How much is the“S”ticket?**

ハウ マッチ イズ ディ エス ティケット

1 枚 8,000 円です。

7 **It is 8,000 yen a ticket.**

イッティズ エイトサウザント イェン ナ ティケット

劇場はどこにありますか？

8 **Where is the theater?**

ホウェア リズ ザ スィアター

 WORDS [theater] 劇場

POINT

自分でチケットを買う場合

海外旅行などで自分で切符を買うときは、
Where can I buy the tickets?（チケットはどこで買えますか）
と尋ねます。ticket window（窓口）で、
I would like three"S"tickets, please.（S席を3枚ください）
といいます。もし、
They are all sold out.（それは全部売り切れです）
といわれたときは、
What do you have available?（空いているのはどの席ですか）
と聞きましょう。available は「利用できる、入手できる」の意味です。
There is standing room only.（立ち見しかありません）
のような答えが返ってくるでしょう。

その他の会話

I'll make arrangements for tickets.
（私がチケットの手配をしましょう）
It may be impossible to get the tickets.
（その切符は手に入らないかもしれません）
May I go with you?（私もご一緒していいですか）
The play is very popular.（その芝居はとても人気があります）
He is a good actor, isn't he?（彼はいい役者ですね）

案内

注意を促す

あの店はいつもとても混んでいます。

1 **That store is always so crowded.**

ザット ストー リズ オールウェイズ ソウ クラウディッド

予約をするほうがいいですよ。

2 **You should make reservations.**

ユー シュッド メイク リザベイションズ

電話で予約できますか?

3 **Can I make reservations by phone?**

キャナイ メイク リザベイションズ バイ フォウン↗

ええ、できます。

4 **Yes, you can.**

イエス ユー キャン

タクシーに乗ったほうがいいですよ。

5 **You should take a taxi.**

ユー シュッド テイカ タクシ

ここは禁煙席です。

6 **This is a no-smoking table.**

ディスィザ ノウスモーキング テーブル

足元に気をつけてください。

7 **Watch your step, please.**

ワッチュア ステップ プリーズ

かばんは見えるところに置きなさい。

8 **Keep your bag in sight.**

キーピュア バッグィン サイト

 WORDS [smoke] 喫煙する [step] 歩み、足どり [sight] 視野

POINT

「～したほうがいい」

人に注意を促すとき、「～したほうがいい」というのは、例文2や5のように、You should...を用います。You had better... でいい替えることもでき、例文5なら、

You had better take a taxi.

となります。また、I suggest you...を用いることもあり、これは直訳すると「私はあなたが～することを提案する」ということで、やはり例文5をいい替えると、

I suggest you take a taxi.

となります。

また、忠告するときは、例文7や8のような命令文を用いることがありますが、please（どうぞ）を伴うと、少しやわらかい感じになります。

いろいろな注意

Look right and left, when you cross here.
（ここを横切るときは左右をよく見なさい）
Take good care of your health.（健康にもっと注意しなさい）
Look out for pickpockets.（スリに注意）
Don't let dog out!（犬が逃げないよう注意）
Don't dump here.（ここにごみを捨ててはいけない）
Keep off grass!（芝生に入るな）

相談を受ける

どうすればいいでしょうか？
1 **What should I do?**
ホワット シュッダイ ドゥー

誰に話せばいいのでしょうか？
2 **Who should I speak to?**
フー シュッダイ スピーク トゥー

困っています。
3 **I'm in trouble.**
アイミン トゥラブル

どうしたのですか？
4 **What happened?**
ホワット ハップンド

助けてもらえますか？
5 **Can you help me?**
キャニュー ヘルプ ミー⤴

助言をいただけませんか？
6 **Can you give me some advice?**
キャニュー ギブ ミー サム アドバイス⤴

あなたのために全力を尽くしましょう。
7 **I will try my best to help you.**
アイ ウィル トライ マイ ベスト トゥー ヘルプ ユー

私が何ができるか考えさせてください。
8 **Let me see what I can do.**
レット ミー シー ホワッタイ キャン ドゥー

 WORDS [trouble] 困難 [happen] 起こる [advice] 助言、忠言

POINT

話をよく聞いてあげる

　相談を受けて、例文1や2のようにいわれたら、You should...（あなたは～すべきです）とか、Why don't you...?（～したらどうですか）の形で答えるといいでしょう。自分で答えられないような深刻な相談には、専門の counselor(相談員)を紹介するしかありません。または、
Why don't you ask a lawyer?
（弁護士に聞いてみたらどうですか）
というぐらいでしょう。しかし、悩んで友人に相談する人が望んでいるのは、たいてい自分の話をよく聞いてもらうこと。そこで、
I'm sorry to hear that.（それはいけませんね）
That's too bad.（それはひどいですね）
What a pity!（なんてお気の毒な）
のような言葉で同情を示し、
Take it easy.（くよくよしないで）
Don't worry about that.（気にすることはありませんよ）
と励ます。これが、いちばんではないでしょうか。

悩んでいる友人に

　困っている人に話しかける文として、例文4の他にも次のような例が考えられます。
What's the matter?（どうしたのですか）
What's wrong?（どうしたの）
Is anything wrong?（何かあったのですか）

相談

緊急のとき

急いで！
1 **Hurry!**
ハリー

危ない！
2 **Watch out!**
ワッチァウト

火事だ！
3 **Fire!**
ファイア

緊急です！
4 **It's an emergency!**
イッツァン ネマジェンシイ

救急車を呼んで！
5 **Get an ambulance!**
ゲッタン ナンビュランス

警察を呼んで！
6 **Call the police!**
コール ザ ポリース

気をつけて！
7 **Be careful!**
ビー ケアフル

はなれていなさい！
8 **Stay away!**
ステイ アウェイ

 WORDS [emergency] 非常時 [ambulance] 救急車 [careful] 注意深い

POINT

緊急時の言葉

緊急時には、短い言葉でその場の状況や、必要な用件を表さなければなりません。動詞の原形が最初に来る形が多くなります。例文2の Watch out！は他に「注意しろ、気をつけろ」の意味もあります。例文5は、

Call an ambulance!

ともいいます。緊急時に使う言葉でその他に、

Look out!（危ない）
Help (me)!（助けて）
Follow that man!（あの男を追いかけて）
I'm hurt!（けがをしました）
Don't panic!（あわてるな）

などがあります。

「非常」のつく言葉

emergency（非常時）のつく言葉には、emergency stairs（非常階段）、emergency exit（非常口）、emergency brake（非常ブレーキ）、emergency hospital（救急病院）などがあります。

Where is an emergency exit?（非常口はどこですか）

危険を表す言葉

あらかじめ事故を防ぐために、危険なことを知らせるには、

Caution!（危険）
Warning!（警告）
Flammables!（火気厳禁）
Keep off.（近づくな）
Keep out.（立入禁止）

などの言葉が使えます。しかし、たいていの注意書きは、記号や絵などで、言葉がわからない人にも理解できます。

What does that sign say?（あれは何と書いてあるのですか）
It says,"Hands off".（手を触れるなと書いてあります）

事故・災害

だいじょうぶですか？

1 **Are you all right?**

アー　ユー　オール　ライト↗

けがはありませんか？

2 **Are you hurt?**

アー　ユー　ハート↗

だいじょうぶです。

3 **I'm fine.**

アイム　ファイン

救急車を呼びましょうか？

4 **Should I call an ambulance?**

シュッダイ　コーラン　ナンビュランス↗

バッグを電車の中に忘れました。

5 **I left my bag on the train.**

アイ　レフト　マイ　バッグォオン　ザ　トゥレイン

すりにあいました。

6 **My pocket was picked.**

マイ　ポケット　ワズ　ピックト

パスポートをなくしました。

7 **I lost my passport.**

アイ　ロスト　マイ　パスポート

さいふを盗まれました。

8 **My wallet was stolen.**

マイ　ウォレット　ワズ　ストウラン

WORDS [**be hurt**] けがをする　[**wallet**] 札入れ　[**pick**] する、拾い上げる

POINT

● 交通事故など

交通事故や軽い接触事故にあったとき、相手の状態を尋ねるのが例文1や2です。平気な場合の答え方は、例文3の I'm fine. や、

I'm not hurt.（けがはしていません）

It's nothing serious.（たいしたことはありません）

といいます。けがを負っている場合は、

I'm hurt.（けがをしています）

です。相手の様子によっては、例文4のように尋ねます。そのときはたいしたことがないようでも、あとで何かあると困るので、相手の連絡先を

Where can I contact you?（連絡はどこにすればいいですか）

と必ず聞いておいたほうがいいでしょう。また、

Let's call the police.（警察を呼びましょう）

といって、警察の立会いのもとに、事故の責任の所在をはっきりさせておくべきです。保険のことでは、

My insurance will cover this.（これには私の保険がききます）

のような言葉が考えられます。

● その他の事故

例文5のようにバスや電車の中に物を忘れた人には、the lost and found（遺失物取扱所）の場所を教えてあげるといいでしょう。逆に尋ねるときは、Where is the lost and found?（遺失物取扱所はどこですか）といいます。

例文6の My pocket was picked. の pick は「(人のポケットのさいふなどを) する」の意味です。また、「すり（をする人)」は pickpocket といいます。例文7のようにパスポートをなくした人には、

You should contact the embassy.

(大使館に連絡したほうがいいですよ)

と忠告します。

WORD LIST ●事故災害の用語　**accident**（事故）, **robbery**（強盗）, **mugging**（襲撃）, **burglary**（押し込み）, **murder**（殺人）, **shooting**（銃撃）

緊急

病気

どこが痛みますか？

1 **Where do you hurt?**

ホウェア ドゥー ユー ハート

寒気がします。

2 **I have a chill.**

アイ ハブァ チル

頭痛がします。

3 **I have a headache.**

アイ ハブァ ヘッデイク

気分がよくありません。

4 **I'm not feeling well.**

アイム ノット フィーリングウェル

風邪をひいたのだと思います。

5 **I think I have a cold.**

アイ スィンク アイ ハブァ コールド

熱はありますか？

6 **Do you have a fever?**

ドゥー ユー ハブァ フィーバー⤴

何か薬は飲みましたか？

7 **Have you taken any medicine?**

ハビュー テイクン ネニイ メディシン⤴

医者にみせたほうがいいですよ。

8 **You should see a doctor.**

ユー シュッド シー ア ダクター

 WORDS [hurt] 痛む [chill] 寒気 [headache] 頭痛 [feeling] 気持ち、感情

POINT

I have a... で症状をいう

自分の病状をいうとき、例文2や3、5、6のように、I have a...の形を用いることがよくあります。他に、
I have a stomachache.（腹痛がします）
I have a toothache.（歯が痛い）
I have a sore throat.（のどが痛い）
I have a backache.（背中が痛い）
I have a sore muscles.（筋肉痛です）
などがあります。その程度を表すには、たとえば「頭痛」の場合は、
I have a slight headache.（頭が少し痛いです）
I have a terrible headache.（頭がひどく痛みます）
のようにいえます。a slight（少し）や terrible（ひどい）は、上の他の文にも当てはめていうことができます。「熱」の場合は、
I have a high fever.（高熱です）
I'm feverish.（少し熱があります）
といういい方になります。

その他の痛みの表現

医師が診察をするときなどは、患部を押えながら、
Does it hurt?（痛いですか）
Is it painful?
などといいます。「～が痛い」というのは、I have a...ache. とか I have a sore... の他に、There's を使って、
There's a pain in my stomach.（おなかに痛みがあります）
のようないい方もできます。

どんな痛みなのかを表すには、この pain を、severe pain（激しい痛み）、sharp pain(鋭い痛み)、dull pain(鈍痛)、sudden pain(急性の痛み)、chronic pain（慢性の痛み）、continuous pain（絶えまない痛み）などに置き替えていえばいいのです。

同じ痛みでも、pain は痛みの総称みたいなものですが、ache は部分的に鈍痛が起こるとき、sore は炎症を起こして痛むときに使います。

その他の症状

I feel sick.（気分が悪いのです）
I feel like vomiting.（吐き気がします）
I feel dizzy.（めまいがします）
I have a cough.（せきをします）
I have a runny nose.（鼻水が出ます）
I have lumbago.（腰痛がします）
I have a ringing in the ears.（耳なりがします）
I am short of breath.（息切れがします）
I have diarrhea / constipation.（下痢／便秘をしています）
I have heart / liver / kidney trouble.(心臓／肝臓／腎臓が悪い）
I have high / low blood pressure.(血圧が高い／低いのです）
I am a diabetic.（糖尿病です）
I broke my leg.（足を折りました）
I sprained my ankle.（足首をねんざしました）

医師の言葉

What seems to be the trouble?（どうしましたか）
Do you have an appetite?（食欲はありますか）
Let's take a look.（診てみましょう）
Please lie down here.（ここに横になってください）
Let's take your temperature / blood pressure.
（熱／血圧を計りましょう）
I will give you a shot / injection.（注射をうちます）
You should be hospitalized.（入院しないといけません）
You need an operation.（手術の必要があります）
Are you allergic to any medication?
（何か薬物でアレルギーをおこしますか）

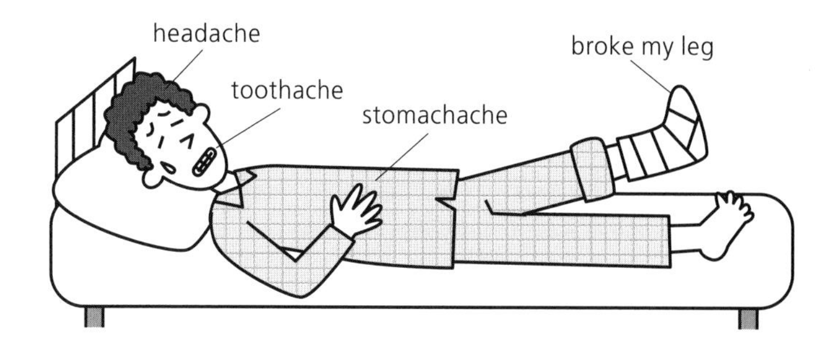

緊急

薬

英米では医薬分業をとっており、医師に診てもらったあと、書かれた prescription（処方せん）を薬局に渡すと、そこで薬が調合される仕組みになっています。「薬局」はアメリカではdrugstore または pharmacy といいます。薬品類以外にも日用雑貨などを置いている drugstore の中に pharmacy（調剤室）があることもあります。イギリスでは chemist's といいます。

Will you fill this prescription, please?
（この処方せんで薬をください）
How often should I take them.
（どれくらいおきにそれを飲めばいいのですか）
You should take two tablets after each meal.
（毎食後に2錠飲んでください）
Every eight hours.（8時間おきです）
Three times a day.（1日3回です）

病気の人を励ます

How do you feel?（どうですか）
You look great!（とてもよさそうね）
I hope you feel better soon.（早くよくなってください）
I hope you get well soon.（早くよくなってください）
Take care.（気をつけて）
Take care of yourself.（おだいじに）

LET'S TAKE A BREAK

\ 伝え方いろいろ　その① /

希望、願望

英語では、日本語ほど敬語にこだわりません。失礼かどうか気にする前に、とにかく話しかけることのほうが、英会話上達への近道です。

（自分が）～したい

I want to do it.（希望、欲求を強く伝える）
I wish I could do it.（可能、不可能にこだわらない願望）
I hope to do it.（望ましいことが可能と信じて期待する）
I would like to do it.（ていねいな願望）
I should like to do it.（ていねいな願望。文語的表現）
May I do it?（目上の人に許可を仰ぐ）
※Yes, you may. は許可を与える感じになる。
Can I do it?（可能性を尋ねる。親しい間柄で）
I will do it.（軽い自分の未来の意志表示）
I shall do it.（自分の未来の意志表示。形式ばった表現。イギリスで使う）
Let me do it.（～させてください）

（相手に）～してほしい

Will you do it?（相手の意志を確かめる）
Can you do it?（可能かどうか尋ねる）
Would you do it?（控えめでていねいないい方）
Could you do it?（控えめでていねいないい方）
I would like you to do it.（ていねいな依頼。～していただきたい）
Would you mind ...ing it?（ていねいな依頼。～していただけませんか）
Let's do it.（自分と一緒に～しましょう）
Shall we do it?（自分と一緒に～しませんか）
May I ask you a favor?（お願いしてもよろしいでしょうか）
Could you do me a favor?
Would you do me a favor?
（願望を聞いてもらえるかどうか聞く。「お願いがあるのですが」）

PART 4

話題

Topics

話のふり方

1
あなたはどう思いますか？
What do you think?
ホワット ドゥー ユー スィンク

2
それについては考えさせてください。
Let me think about it.
レット ミー スィンカバウティット

3
そのことをもっとよく話しましょう。
Let's talk about it some more.
レッツ トーカバウティット サム モア

4
そのことはあまり話したくありません。
I would rather not talk about it.
アイ ウッド ラザー ノッ トーカバウティット

5
話題を変えましょう。
Let's change the topic.
レッツ チェインジ ザ トピック

6
何について話しましょうか？
What should we talk about?
ホワット シュッドゥイ トーカバウト

7
映画についてはどうですか？
How about movies?
ハウ アバウト ムービィズ

8
いいですね。
That sounds fine.
ザット サウンズ ファイン

 WORDS [rather] どちらかといえば [topic] 話題 [sound] （～と）思われる

POINT

話を始める

相手によって何を話すかは異なってきますが、特別な用件でもなければ、天候や趣味、娯楽といった話題が無難なところでしょう。その他の話題にしても、自分の意見をいうばかりでなく他の人の意見も、例文1を使って尋ねます。この他にも、
What is your opinion?（あなたの意見はどうですか）
ともいえます。また、
What do you think about sexual harassment?
（セクシャルハラスメントについてどう思いますか）
のように、about 以下に、今話題になっている事柄を入れて尋ねることができます。

話題を変えることもできる

話したくない話題が始まったら、例文4のようにいって断ることもできます。また、例文5のようにもいえます。この topic は「話題」の意味で、代わりに subject を用いることもあります。subject が議論などの「主題、題目」であるのに対して、topic は議論などの一部で扱われた題目など小規模なものを意味します。話題の変え方としては他にも、
Let's talk about something else.（何か他のことを話しましょう）
などがあります。また、話の途中でも By the way（ところで）とか、相手の言葉をタイミングよくとらえ、
That reminds me.（それで思い出しました）
といって話を違う方向に持っていくこともできます。

天気

なんていい日でしょう！
1 **What a beautiful day!**
ホワッタ ビューティフル デイ

今日は曇りです。
2 **It's cloudy today.**
イッツ クラウディ トゥデイ

暑い日ですね。
3 **Hot day, isn't it?**
ホッ デイ イズンティット

とても寒くなってました。
4 **It's become very cold.**
イッツ ビカム ベリイ コウルド

土砂降りだ！
5 **It's raining cats and dogs!**
イッツ レイニング キャッツァンド ドッグス

雷は嫌いだ！
6 **I hate thunder!**
アイ ヘイト サンダー

雨のようです。
7 **Looks like rain.**
ルックス ライク レイン

明日の予報はどうですか？
8 **What is the forecast for tomorrow?**
ホワッティズ ザ フォーキャスト フォー トゥモロウ

WORDS [cloudy] 曇った [hate] 嫌う [thunder] 雷 [forecast] 予報

POINT

It's…はよく省略される

話のきっかけに天気の話をすることは、日本語でも英語でもよくあります。例文1にある beautiful の代わりに wonderful、fine、nice などにしても同じような意味になります。

天気を表す文章の多くは、It's... の形を用います。しかし、そのIt、あるいは It's (a) は、例文3や7のようによく省略されます。例文3の最後の isn't it は「～ですね」と相手に同意を求めるいい方で、そこのところはイントネーションを下げていいます。上げていうと「～ですか」と尋ねていることになります。hot day を cold day（寒い日)、windy day（風の強い日）などに置き替えていうこともできます。例文4の It'sは、It is ではなく、It has の短縮です。has become で「なってきた」を表します。その他の例文の It's は、It is の短縮です。例文5の raining cats and dogs は「土砂降り」の意味で、

It's pouring.

ともいい替えられます。また、「雨がよく降る」の場合は、

It rains a lot.

といいます。例文7の look like...は「～になりそうだ」の意味です。

その他の表現

It seems like spring.（春のようです）
It has started to snow.（雪が降り始めました）
It has stoped raining.（雨がやんできました）
It cleared up in the afternoon.（午後は晴れました）
How is the weather in Tokyo?（東京はどんな天気ですか）
Rain or shine, we will go.（雨でも晴れても行きましょう）
The weather report said it would be sunny.
（天気予報では晴れだといっていました）
I think the weather will hold.（天気はもつと思います）
What's the temperature?（気温はどうですか）
It's 18℃ (eighteen degrees centigrade).（18度です）

話題

家族

ご家族は何人ですか？

1 **How many people are in your family?**
ハウ メニイ ピープル アー イン ユア ファミリイ

6人です。

2 **There are six.**
ゼアラー シックス

ご兄弟はいますか？

3 **Do you have any brothers?**
ドゥー ユー ハブ エニイ ブラザーズ↗

ええ、兄が1人います。

4 **Yes, I have one older brother.**
イエス アイ ハブ ワン オウルダー ブラザー

ABC会社で働いています。

5 **He works at ABC Company.**
ヒー ワークサット エイビースィー カンパニイ

一人っ子ですか？

6 **Are you an only child?**
アー ユー アン オンリイ チャイルド↗

おじいさまはお元気ですか？

7 **How is your grandfather?**
ハウ イズ ユア グランファーザー

元気にしています。

8 **He is doing fine.**
ヒー イズ ドゥーイング ファイン

 WORDS [grandfather] 祖父

POINT

family は単数扱いと複数扱いがある

　相手の家族の人数を聞くとき、例文1のいい方があります。are のあとの there が省略されている形です。その他に、
How large is your family?（ご家族は何人ですか）
ともいえます。family は「家族」を表しますが、一つの集合体と考えるときは単数扱いで、ひとりひとりを考えるときには複数扱いになります。
　相手の子どもの数を聞くときは、
How many children do you have?(お子さんは何人いますか)
といいます。答えるほうは、
I have two boys / sons and a girl / daughter.
（男の子が2人／息子たちと女の子／娘が1人います）
といいます。brother あるいは sister だけでは、兄、弟、姉、妹の区別ができないので、必要なときは older / elder（年上の）か、younger（年下の）をつけていいます。その他の家族関係は下のように表します。

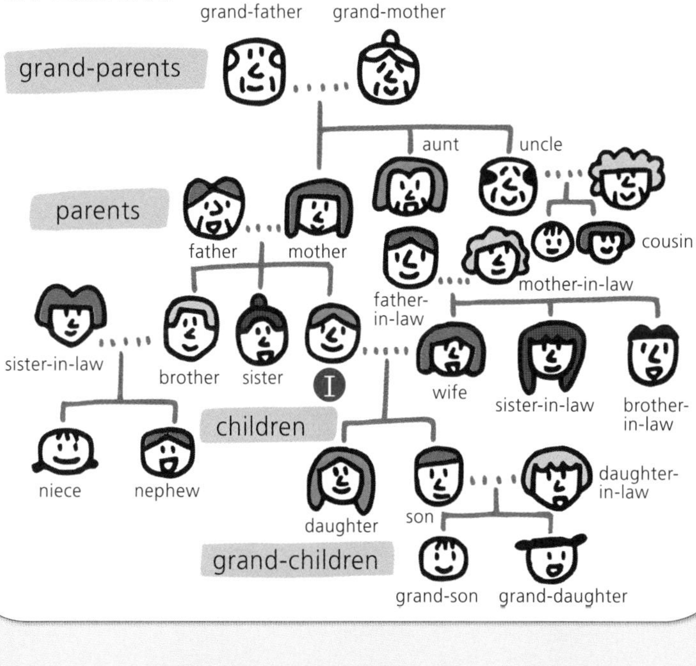

grand-father
grand-mother
grand-parents
aunt
uncle
parents
father
mother
cousin
mother-in-law
father-in-law
sister-in-law
brother
sister
I
wife
sister-in-law
brother-in-law
children
niece
nephew
daughter
son
daughter-in-law
grand-children
grand-son
grand-daughter

話題

子ども

彼女はとてもかわいいですね。

1 **She is very cute.**

シー イズ ベリイ キュート

あなたにそっくりです。

2 **She looks just like you.**

シー ルックス ジャスト ライキュー

おいくつですか？

3 **How old is she?**

ハウ オウルド イズ シー

10 か月です。

4 **She's ten months old.**

シーズ テン マンスゾウルド

その月齢にしては大きいようですね。

5 **She seems big for her age.**

シー シームズ ビッグ フォー ハー レイジ

彼は何年生ですか？

6 **What grade is he in?**

ホワット グレイド イズ ヒー イン

6 年生です。

7 **He is in the sixth grade.**

ヒー イズィン ザ シックスス グレイド

他にお子さんはいますか？

8 **Do you have any other children?**

ドゥー ユー ハブ エニイ アザー チルドレン⤴

 WORDS [cute] かわいい [grade] 学年、○年生

POINT

「～に似ている」

例文2で使われている look like...は「～のように見える、～に似ている」の意味です。just は「まさしく、ちょうど」の意味で、look like を強めるので、look just like... で「～にそっくりだ」ということになります。例文5の for her age で、for は基準を表しており、「～のわりに、としては」の意味です。他にたとえば、
It is good for the price.（それは値段のわりによい）
のように使えます。

「～へ行っている」

子どもが学校へ行くようになるとよく使われるのが、「～年生」という表現です。例文7のように grade（学年）を用いて in the...grade で表しますが、詳しくは105ページにまとめてあります。幼稚園の場合は、
He goes to kindergarten.（彼は幼稚園へ行っています）
といえばいいでしょう。その他、学校、会社へ行く子どもの紹介例をあげてみましょう。
My daughter entered the university this April.
（娘は今年の4月大学に入学しました）
He is a college graduate.（彼は大卒です）
My oldest son works at ABC Company.
（一番上の息子はABC社に勤めています）

WORD LIST ● 学校用語 **vocational school**（専門学校）, **junior college**（短大）, **college**（単科大学）, **university**（総合大学）, **graduate school**（大学院）, **public school**（公立学校）, **private school**（私立学校）, **preparatory school**（予備校）, **president**（学長）, **principal**（校長）, **dean**（学部長）, **professor**（教授）, **assistant professor**（准教授）, **instructor**（講師）, **mid-term exam**（中間試験）, **final exam**（期末試験）, **extra-curricular activities**（課外活動）, **club**（クラブ）, **society**（同好会）, **cram school**（塾）

話題

職業

どんなお仕事をなさっていますか？

1 What kind of work do you do?

ホワット カインドブ ワーク ドゥー ユー ドゥー

商社に勤めています。

2 I work for a trading company.

アイ ワーク フォー ラ トレイディング カンパニイ

人事部で働いています。

3 I work in the personnel department.

アイ ワーキン ザ パーソナル デパートメント

あなたはどちらの会社にお勤めですか？

4 Which company do you work for?

ホウィッチ カンパニイ ドゥー ユー ワーク フォー

ABC 会社です。

5 I work for ABC Company.

アイ ワーク フォー エイビースィー カンパニイ

麻布にあります。

6 We are located in Azabu.

ウイ アー ロケイティッディン アザブ

長くそこで働いているのですか？

7 Have you been working there long?

ハブ ユー ビーン ワーキング ゼア ロング↗

仕事は楽しいですか？

8 Do you enjoy your work?

ドゥー ユー エンジョイ ユア ワーク↗

 WORDS [personnel] 社員 [department] 部門 [located] (〜に) 位置して

POINT

「～に勤めています」

相手の仕事を尋ねるときには、いろいろな聞き方がありますが、その代表的なものが例文1です。職業名や会社名そのものでなく、kind（種類）を用いて「どんな種類の仕事」と、広い範囲で尋ねるいい方です。その他のいい方や答え方については133ページを参照してください。

また、何年そこに勤めているかをいうときには、例文7を応用して、

I have been working there for ten years.

（そこに10年勤めています）

I have been with ABC Company for four years.

（ABC社に4年います）

というふうにいいますが、もう退職してしまった場合には、

I had worked that for company for thirty years.

（あの会社で30年働きました）

となります。

会社に勤めていない場合

仕事をしている全員が、会社勤めのサラリーマン（office worker）とは限りません。下にいろいろな場合の答え方をあげてみましょう。

I'm a full-time housewife.（専業主婦です）

I work at home.（家で仕事をしています）

I do free-lance work.（フリーの仕事をしています）

I retired last year.（去年退職しました）

I own my own business.（会社を経営しています）

I'm self-employed.（自営業です）

部門を答える

例文3にある personnel department（人事部）の department は「(組織の) 部門、部、課」の意味です。他に、marketing（マーケティング）、sales（営業、販売）、public relations（広報）、planning（企画）、corporate communications（宣伝）、foreign trade（海外取引）などの department があります。

住まい

お住まいはどちらですか？
1 **Where do you live?**
ホウェア ドゥー ユー リブ

広尾の公園の近くに住んでいます。
2 **I live in Hiroo, near the park.**
アイ リビン ヒロオ ニア ザ パーク

とてもいいところですね。
3 **That's a very nice area.**
ザッツァ ベリイ ナイスェアリア

どれくらいそこに住んでいるのですか？
4 **How long have you been living there?**
ハウ ロング ハブ ユー ビーン リビング ゼア

10年くらいです。
5 **Around ten years.**
アラウンド テン イヤーズ

広さはどれくらいですか？
6 **How big is your apartment?**
ハウ ビッグイズ ユアー アパートメント

5部屋あります。
7 **We have five rooms.**
ウイ ハブ ファイブ ルームス

畳の部屋はありますか？
8 **Do you have a tatami room?**
ドゥー ユー ハブァ タタミ ルーム⤴

POINT

マンションの場合

自分の住まいのことを話すのに、たとえば、ワンルームのマンションに住んでいる場合は、
I live in a one-room apartment.
といいます。もう少し広ければ、
I live in a two-bedroom apartment.
(2寝室のアパートに住んでいます)
といういい方になります。日本語のマンションと違い、英語の mansion は「大邸宅、館」の意味になるので注意しましょう。とにかく、マンションといわれるもののほとんどは apartment でいいということです。
そして、
I live on the third floor.(3階に住んでいます)
We are renting.(借りています)
We own it.(自分たちのものです)
のようにつけくわえることができます。

住所を尋ねる

例文1は、住んでいる場所を尋ねるのによく使われる、一般的な質問の仕方です。もう少していねいにしたかったら、
May I ask your address?(住所をお尋ねしてもいいですか)
とすればいいでしょう。詳しい住所を知りたいときは、
What is your address, please?(住所を教えてください)
と聞くほうがいいでしょう。だいたいでよければ、
What part of Tokyo do you live in?(東京のどこにお住まいですか)という聞き方もあります。

休暇

この週末はどこへ行きますか？
1 **Where are you going this weekend?**
ホウェア ラー ユー ゴウイング ディス ウィーケンド

釣りに行きます。
2 **We are going fishing.**
ウイ アー ゴウイング フィッシング

あなたの休みはどうでした？
3 **How was your vacation?**
ハウ ワジュア バケイション

とても楽しかったわ！
4 **We had a great time!**
ウイ ハッダ グレイト タイム

あなたはいつ出発するのですか？
5 **When will you be leaving?**
ホウェン ウィル ユー ビー リービング

あさってです。
6 **The day after tomorrow.**
ザ デイ アフター トゥモロウ

そこへ行くのを待ちきれない！
7 **I can't wait to get there!**
アイ キャント ウェイト トゥー ゲット ゼア

どうだったか聞かせてください。
8 **Let me know how it was.**
レット ミー ノウ ハウ イット ワズ

 WORDS [vacation] 休暇

POINT

vacation と holiday

例文3で「休暇」を表す vacation は、主にアメリカで使われ、イギリスでは holiday(s)（休日）が一般的です。そこで、the summer vacation（夏季休暇）、Christmas vacation（クリスマス休暇）、take a vacation（休暇を取る）、on vacation（休暇で、休暇を取って）などでは、vacation を holiday にいい替えることができます。ただし、national holiday（国民祝祭日）、Sunday is a holiday.（日曜日は休日です）などを、vacation にいい替えることはできません。

その他の表現

make plans for... で「〜の計画を立てる」の意味です。

Have you made plans for weekend?
（週末の計画は立てましたか）
I haven't made any plans.（何の計画も立てていません）
I'm thinking of going to Hokkaido.
（北海道へ行こうと思っています）
Do you have any plans for your winter vacation?
（冬休みは何か計画がありますか）
What are you doing on Saturday?
（土曜日は何をするのですか）
Where would you like to go?（どこへ行きたいのですか）
Would you like to play tennis with us?
（私たちとテニスをしませんか）
Shall we go on a picnic?（ピクニックに行きましょうか）
How about going swimming?（泳ぎに行きませんか）
Have a good vacation!（どうぞ楽しい休暇を）
Enjoy your trip!（旅行をお楽しみください）

WORD LIST ●休暇に関する言葉　**go shopping**（買物に行く），**go dancing**（踊りに行く），**go out for dinner**（外で食事する），**go bowling**（ボーリングに行く），**go skiing**（スキーに行く），**go for a drive**（ドライブに行く），**go to the beach**（海に行く），**go to a movie**（映画に行く），**play golf**（ゴルフをする）

滞在

東京へようこそ！

1 **Welcome to Tokyo!**

ウェルカム トゥー トウキョウ

どれくらい滞在されるのですか？

2 **How long will you be staying?**

ハウ ロング ウィル ユー ビー ステイング

3週間ここにいるつもりです。

3 **I will be here for three weeks.**

アイ ウィル ビー ヒア フォー スリー ウィークス

もっと長くいらっしゃれるといいのに。

4 **I wish you could stay longer.**

アイ ウィッシュー クッド ステイ ロンガー

今度で2度目の訪問です。

5 **This is my second visit.**

ディスィズ マイ セカンド ビジット

ここにいらしてどれくらいですか？

6 **How long have you been here?**

ハウ ロング ハビュー ビーン ヒア

何か日本語は話せますか？

7 **Do you speak any Japanese?**

ドゥー ユー スピークェニイ ジャパニーズ

楽しく過ごされますように。

8 **I hope you enjoy your stay.**

アイ ホウピュー エンジョイ ユア ステイ

POINT

stay と be

　例文2と4では「滞在する」、例文8では「滞在」、どちらも stay で表すことができます。例文2の問いの代わりに、ホテルなどでは、
How many nights will you be staying?
(何泊お泊まりになりますか)
と聞くこともあります。泊まる人のほうからは、
I'll be staying for five days. (5日間泊まります)
I'll be staying three nights. (3泊します)
のようにいいますが、How...? の問いに対しては I'll be staying (for) を省略して、日数だけで答えていいでしょう。stay 以外にも「いる」の意味で例文3や6のように be を用いて滞在を表すことができます。例文6は、すでに「ここに」来ていて、その来た日から今までどれくらいいるのかを尋ねています。それで be が have been になっているわけです。here は in Japan、in Tokyo などに替えていうことができます。

Can you speak…? としない

　「～語を話せますか」と尋ねるとき、Can you speak...? というと、相手の能力を露骨に尋ねているように聞こえます。一般の会話では、例文7のように Do you speak...? で尋ねるほうがいいでしょう。

その他の表現

When did you get to Japan? (日本にいつ着いたのですか)
Where are you staying in Tokyo? (東京のどこに滞在していますか)
When are you leaving Tokyo? (東京はいつ出発ですか)
Is this your first visit to Kyushu? (九州は初めてですか)

服装

すてきなシャツですね！
1 **I really like your shirt!**
アイ リアリイ ライキュア シャート

気に入っている物なのです。
2 **It's my favorite.**
イッツ マイ フェイバリット

白がよくお似合いです。
3 **You look good in white.**
ユー ルック グッディン ホワイト

どこで買ったのですか？
4 **Where did you buy it?**
ホウェア ディッジュー バイ イット

デパートで買いました。
5 **I bought it at a department store.**
アイ ボーティッタット ア デパートメント ストー

それをもっとよく着たほうがいい。
6 **You should wear it more often.**
ユー シュッド ウェア リット モー ローフン

それはあなたを細く見せます。
7 **It makes you look thin.**
イット メイクス ユー ルック スィン

普段着でいらしてください。
8 **Please dress casual.**
プリーズ ドレス カジュアル

 WORDS [shirt] シャツ [favorite] お気に入り [thin] やせた

POINT

「すてきな～ですね」

人が身につけている物を「すてきな～ですね」とほめるとき、例文1のように I really like your... といいます。すてきだと思う気持ちがもっと強い場合は、like の代わりに love を用います。直訳すれば「あなたの～をとても気に入りました」ということです。他に、
That's a nice shirt you are wearing.(すてきなシャツですね)
What a nice shirt!（なんてすてきなシャツなんでしょう）
ということもできます。

「お気に入り」

例文2の favorite は名詞で「お気に入り」の意味ですが、形容詞の「お気に入りの」の意味もあるので、
Who is your favorite designer?
(あなたのお気に入りのデザイナーは誰ですか)
This is my favorite color.（これは私の好きな色です）
のようにも使えます。

「似合う」

「～が似合いますね」といいたいときは、例文3のように You look good in... が使えます。この in は「～を着て、身につけて」の意味で、「～を着ているとあなたはよく見える」ということです。すごくよく見えるという場合は、good を great にします。それ以外の形容詞、たとえば、bad (悪い) なども入ります。～には、例文3のように white (白)、red（赤)、black（黒）などの色や、your kimono（着物)、your pink dress(ピンクのドレス)などのように身につけている物を入れます。さて、この look good を用いたいい方には、2通りあります。
You look good in white.
White looks good on you.
以上の2文は同じことをいっています。人を主語とするか、身につけている色や物を主語とするかの違いだけです。注意したいのは、look good のあとが、in +（色、物）と、on +（人）で違っていることです。

話題

「似合う」は他に suit でも表せます。たとえば、
It suits you well.（それはあなたによく似合います）
This hat doesn't suit her.（この帽子は彼女に似合いません）
のように用います。残念ながら組み合わせが合わないときは、
A black coat doesn't go well with your shirt.
（あなたのシャツに黒い上着は似合いません）
といってあげましょう。

服についての意見

「それを着ると～に見える」といいたいとき、例文7の It makes you look... のいい方があります。Itは身につける物に置き替えてThat...（その～）とか、This...（この～）などに、you を me（私を）、her（彼女を）、him（彼を）に、thin（やせて）は fat（太って）、tall（背が高く）、short（背が低く）などにいい替えることができ、応用のきく文章です。他に、
It's so comfortable.（とても着心地がいい）
It's not practical.（実用的ではありません）
などの表現があります。

流行に関する表現

What is fashionable?（何がはやっているのですか）
What is popular in men's clothes?
（紳士服では何が人気ですか）
Is this trendy?（これがはやっているのですか）
This is out of fashion.（これは流行遅れです）
This will be in fashion this winter.
（これがこの冬はやるでしょう）
I don't follow the trends in fashion.(私は流行を追いません)

wear と dress

例文6の wear は「身につけている」の意味で、「着る、身につける」という一時的な動作を表す場合には put on を用います。wear は衣類だけでなく様々な物に用いられます。wear clothes(服を着ている)、

wear green（緑の服を着ている）、wear shoes（靴をはいている）、wear a watch(時計をつけている)､wear a ring(指輪をはめている)、wear glasses（めがねをかけている）、wear a mustache（口ひげをはやしている）、wear false teeth（入れ歯を入れている）、wear make-up（化粧をしている）、wear a gun（銃を携帯している）などがあります。

例文8の dress は「服を着せる、着る、身じたくをする」の意味で、

He dresses well.（彼はいい服装をしています）

She always dresses in black.

（彼女はいつも黒い服を着ています）

She dressed her child in a raincoat.

（彼女は子どもにレインコートを着せました）

のように用います。

また､dress には「正装する」の意味もあり､dress for dinner（晩餐のために正装する）のような表現ができます。なお､dress up は「盛装する」の意味です。

話題

趣 味

1 趣味はありますか？
Do you have a hobby?
ドゥー ユー ハブァ ホビイ↗

2 はがきを集めています。
I collect postcards.
アイ コレクト ポストカーズ

3 300 枚持っています。
I have about 300 cards.
アイ ハブァウト スリーハンドレッド カーズ

4 見せてもらえますか？
Can I see them?
キャナイ シー ゼム↗

5 もちろん、いつか来てください。
Sure, come over sometime.
シュア カモーバー サムタイム

6 あなたのコレクションに寄付しましょう。
I'll contribute to your collection.
アイル コントリビュート トゥー ユア コレクション

7 ありがとう、それはすばらしい！
Thanks, that will be great!
サンクス ザットウィル ビー グレート

8 この趣味をなさってどれくらいですか？
How long have you had this hobby?
ハウ ロング ハビュー ハッド ディス ホビイ

WORDS [collect] 集める [contribute] 寄付する、貢献する

POINT

趣味を尋ねる

相手の趣味を尋ねるとき、例文1のようにいったり、また、
What are your hobbies?（あなたの趣味は何ですか）
と尋ねたりします。趣味が一つとは限らないので、こちらのほうが一般的です。hobby を使わず、
What are you interested in?（何に興味がありますか）
What do you do in your free time?
（空いた時間に何をしますか）
のようにもいえます。

自分の趣味をいう

自分の趣味をいうとき、趣味が一つの場合は My hobby is...（私の趣味は～です）、二つ以上の場合は My hobbies are...and...（私の趣味は～と～です）といいます。また、hobby を使わなくても、
I like travelling.（私は旅行が好きです）
I enjoy watching baseball games.
（私は野球の試合を見るのが好きです）
などといえます。

何かを収集している人は、例文2のように、I collect...（私は～を集めています）といいます。～には stamps（切手）、sea shells（貝殻）、coins（硬貨）などが入るでしょう。好きというだけではすまないようならば、「～に夢中です」という意味で、I'm crazy about... を用います。
I'm crazy about music.（私は音楽のこととなると夢中です）
のようにいいます。

自分のことでなく、友人などの趣味をいうときは、
He is a good golfer.（彼はとてもゴルフが上手です）
のようにいうこともできます。

WORD LIST ●趣味のいろいろ　**driving**（ドライブ），**reading**（読書），**painting**（絵画），**cooking**（料理），**listening to music**（音楽鑑賞），**watching rugby games**（ラグビー観戦），**playing the piano**（ピアノ），**tea ceremony**（茶道），**flower arrangement**（生け花），**playing tennis**（テニス），**skiing**（スキー），**practicing judo**（柔道），**shopping**（買い物），**fishing**（釣り），**walking**（散歩）

食べ物

どんな食べ物が好きですか？

1 **What kind of food do you like?**
ホワット カインドブ フード ドゥー ユー ライク

ほとんど何でも食べます。

2 **I eat almost everything.**
アイ イート オールモウスト エブリスィング

私の好きな物は中華料理です。

3 **My favorite food is Chinese.**
マイ フェイバリット フーディズ チャイニーズ

塩辛い食べ物は嫌いです。

4 **I don't like salty food.**
アイ ドント ライク ソルティ フード

体にいい食べ物をとるようにしています。

5 **I try to eat healthy food.**
アイ トライ トゥー イート ヘルスィ フード

メキシコ料理は好きですか？

6 **Do you like Mexican food?**
ドゥー ユー ライク メキシカン フード↗

一度も食べたことがありません。

7 **I've never tried it before.**
アイブ ネバー トライディット ビフォー

試してみるといいですよ。

8 **You should give it a try.**
ユー シュッド ギビッタ トライ

 WORDS [healthy] 健康な [Mexican] メキシコの

POINT

好きな食べ物を尋ねる

相手の好きな食べ物を尋ねるときは、例文1のようにいいます。kindは「種類」の意味で、What kind of...do you like? の形は人の好みを尋ねるときに応用がききます。～に books（本）、music（音楽）、movies（映画）などを入れることで、食べ物以外にも使えるのです。

他に、例文3の favorite（お気に入りの）を用いて、
What's your favorite food?(あなたの好きな食べ物は何ですか)
と尋ねることもできます。これらの2文の違いは、What kind of...? のほうがその答えとして、たとえば Italian food（イタリア料理）とか Indian food（インド料理）といった、広い範囲での「どういった種類」かを尋ねているのに対して、favorite...? の問いのほうは、ある特定の食べ物を尋ねている点です。ですから、答えは spaghetti(スパゲッティ）や beafsteak（ビーフステーキ）でもいいし、French food（フランス料理）といった答え方でもよいのです。

food の使い方

foodは「食べ物、食料、食品」の意味があり、food and drink（飲食物）、processed foods（加工食品）、instant foods（インスタント食品）などの言葉に使われています。food の他に食べ物を表す言葉として、お皿に盛られた「料理」には dish を用い、
I don't like this dish.（私はこの料理が好きではありません）
のようにいいます。

「おいしい」「おいしくない」

味について、感想をいう場合、「おいしい」ときは、
This is good.
といいます。good の代わりに nice もいいでしょう。「とてもおいしい」といいたければ、good や nice の前に、very や so を入れます。または、
This is great / wonderful / delicious.
などの単語を用います。tasty はおいしさの中にも「風味がある」場合に使います。

話題

甘くておいしいときに使う sweet は、
She is so sweet.（彼女はとても優しい）
That was sweet of you!（ほんとうに優しいのね）
というように、「優しい、親切な」の意味もあります。この意味の sweet は特に、女性が使うことが多いようです。
反対に、「まずい」と思ったら、
I don't like this.（これはおいしくない）
This is not too good.（あまりおいしくない）
It's tasteless / flavourless.（味がない／風味がない）
などの表現もありますが、招待されているなら心の中に留めましょう。

食べ物の数え方

食べ物のように形の変わるものを数えるときはどうしたらいいでしょう。
I had only one meal today.（今日は1食しかしていません）
日本語で1回、2回と数えるのと同じように、食事は回数で表せます。
I'll have two dishes.（私は2品食べます）
料理として出されるものは、それが乗っている皿を指して数えます。これは、日本語でも、1皿、2皿と数えるので同じことです。セットメニューなどでたとえば、3品料理のランチセットという場合は、a three-dish lunch ということもできます。
液体状のものも、料理と同じく入っている容器で数えます。
Would you like a cup of tea?（紅茶をいかがですか）
のように、a cup of の形を使い、2杯なら two cups of となります。他に、a cup of でいい表せるものとしては、coffee、soup（スープ）など、a glass of で表すものには、wine、beer、water、milk、juice（ワイン／ビール／水／牛乳／ジュース）などがあります。a bowl of も、soup などやや大きめのボウル型に入った場合に使います。一盛り、一人前、の意味の a helping of という単位を使うのは、salad（サラダ）、rice（ご飯）、potatoes（じゃがいも料理）、meat（肉料理）、fish（魚料理）、corn（とうもろこし）などです。その他の数え方としては、a piece of pie（一切れのパイ）、a slice of bread（パン1枚）というのもあります。piece は、割れたりちぎれたりした「一片」を表し、

slice は、薄く切った「一切れ、1枚」を表します。

おかわりをいうときには､a を another（もう一杯の）や second（2杯目の）に替えて、

May I have another cup of tea?

（紅茶のおかわりをいただけますか）

Would you like a second glass of wine?

（ワインをもう一杯どうですか）

といういい方がすべてに応用できます。

ただし、レストランなどで注文するときは、three cups of tea というべきところを three teas と簡潔にいうことができます。

WORD LIST ●**食べ物を形容する**　**salty**（塩辛い），**sour**（すっぱい），**spicy**（香辛料のきいた、ぴりっとした），**hot**（熱い、辛い、ひりひりする），**mild**（口当りのいい、刺激性の弱い），**sweet**（甘い），**bitter**（苦い），**greasy**（脂っこい），**simple**（あっさりした），**rich**（こってりした）

話題

何をお飲みになりますか？
1 **What would you like to drink?**
ホワット　ウッジュー　ライク　トゥー　ドリンク

お酒は飲みますか？
2 **Do you drink alcohol?**
ドゥー　ユー　ドリンク　アルコホル⤴

夕食にワインを一杯飲みます。
3 **I have a glass of wine with dinner.**
アイ　ハブァ　グラスォブ　ワイン　ウィズ　ディナー

赤と白、どちらのほうが好きですか？
4 **Do you prefer red or white?**
ドゥー　ユー　プリファー　レッド⤴　オア　ホワイト⤵

白ワインのほうが好きです。
5 **I prefer white wine.**
アイ　プリファー　ホワイト　ワイン

よく外へ飲みに行きますか？
6 **Do you go out drinking often?**
ドゥー　ユー　ゴウ　アウト　ドリンキングォーフン⤴

週に２晩か３晩行きます。
7 **A couple of nights a week.**
ア　カップロブ　ナイツ　ア　ウィーク

そのうち一緒に飲みましょう。
8 **Let's have a drink together soon.**
レッツ　ハブァ　ドリンク　トゥゲザー　スーン

WORDS [prefer]（〜のほうを）好む　[a couple of] 数個（人）の、2、3の

POINT

お酒をすすめるとき

人に飲み物をすすめるとき、例文1のようにいったり、

Would you like to something to drink?

(何か飲み物はいかがですか)

と問いかけたり、親しい間柄では、

How about something to drink?

といったりします。しかし、これらのいい方は、お酒だけでなくジュースなどの他の飲み物も含むので、特にお酒だけを指したい場合は、

Would you like a drink?(お酒でもいかがですか)

となります。

以上のように飲み物をすすめれられたとき、欲しければ、

Yes, please.(ええ、お願いします)

Beer, please.(ビールをお願いします)

といえばいいでしょう。

おかわりを尋ねるときは、

Would you like another beer?

(ビールのおかわりはいかがですか)

Would you like some more wine?

(ワインをもう少しいかがですか)のようにいいます。

お酒が飲めないとき

お酒はいらない、飲めないという場合は、すすめられたときに、
No, thank you.（いいえ、けっこうです）
と、まず断ってから、
I don't drink alcohol.（私はお酒を飲みません）
I don't touch alcohol.（私はお酒はやりません）
I am a light drinker.（私はお酒に弱いのです）
などとはっきりいいます。ちなみに、「大酒飲み」は heavy drinker、「酒豪」「お酒に強い人」は hard drinker といいます。

prefer A to B

例文4と5にある prefer は「(〜のほうを) 選ぶ、好む」の意味で、二つの物や、他の物と比べて用います。例文5は、
I prefer white wine to red one.
（私は赤ワインより白ワインのほうが好きです）
というべきところ、to red one をいわなくてわかるので省略してあります。このいい方は応用がきくので、prefer A to B（BよりもAを選ぶ）で覚えてしまうといいでしょう。たとえば、
I prefer tea to coffee.（私はコーヒーより紅茶が好きです）
I prefer standing to sitting.（私は座っているより立っているほうがいい）のように使えます。

お酒の種類

「アルコール飲料」を表す単語には、例文2にある alcohol の他、liquor があります。アメリカでは liquor はワインやビールと違って強い酒、つまり、ブランデー、ウイスキーなど spirituous liquors(蒸留酒）を意味します。

食事の前、食欲促進のために飲むお酒は aperitif（食前酒）といいます。aperitif には、gin（ジン）、vodka（ウオッカ）、whiskey（ウイスキー）などの強い酒をベースに、芳香料、甘味などを加えた cocktail（カクテル）類を飲むのもいいでしょう。

cocktailの代表的なものに martini（マティーニ）、manhattan（マ

ンハッタン）などがあります。ウイスキーの「水割り」は whiskey and water や scotch and water といいます。「ソーダ割り」は whiskey and soda です。他に、gin and tonic（ジントニック）、Bloody Mary（ブラッディマリー）、Campari soda（カンパリソーダ）などがあります。もちろん beer（ビール）を飲んだり、お祝いするようなことがあるときなどはchampagne（シャンパン）を飲んだりもします。

食事中は肉料理なら red wine（赤ワイン）、魚料理には white wine（白ワイン）がいいとされていますが、好みで選んでかまいません。和食にはやはり日本酒が合うでしょう。日本酒はそのまま sake でよく、説明が必要な場合は Japanese rice wine（日本の米のワイン）といったりもします。wine も sake も「辛口」は dry、「甘口」は sweet といいます。

食後は、香料、甘味入りの強い酒、liqueur（リキュール）や brandy（ブランデー）を小さなグラスで飲んだりします。

話題

旅行

今年はどこへ旅行しましたか？

1 **Where did you travel this year?**

ホウェア ディッジュー トラベル ディス イヤー

インドとイタリアへ行きました。

2 **I went to India and Italy.**

アイ ウェントゥー インディア アンド イタリイ

私もイタリアに行ったことがあります。

3 **I have been to Italy, too.**

アイ ハブ ビーン トゥー イタリイ トゥー

イタリアのどこへ行ったのですか？

4 **Where in Italy did you go?**

ホウェア リン イタリイ ディッジュー ゴウ

ローマへ行きました。

5 **I went to Rome.**

アイ ウェントゥー ロウム

来年は旅行に行きますか？

6 **Are you taking a trip next year?**

アー ユー テイキンガ トリップ ネクスティヤー↗

ギリシャへ行く計画があります。

7 **I have plans to go to Greece.**

アイ ハブ プランズ トゥー ゴウ トゥー グリース

私もいつかそこへ行きたいものです。

8 **I hope to go there one day.**

アイ ホウプ トゥー ゴウ ゼア ワン デイ

 WORDS [travel] 旅行する [Indea] インド [Italy] イタリア [Greece] ギリシャ

POINT

「旅行（する）」を表す言葉

例文1の travel は最も広く用いられる単語で、特に遠方や外国への長期間にわたる旅を指します。例文1以外に、
I'm traveling in Europe.（私はヨーロッパを旅行しています）
や、travel agency（旅行案内所）といった使い方をします。

例文6の trip は、用事や遊覧を目的とした小旅行と、再び元へ帰ってくる旅行を意味します。take / make a trip (to...) で「(〜へ) 旅行する」の意味になります。他の例では、a trip round the world(世界一周旅行)、a round trip（周遊旅行)、a three-day two-night trip（2泊3日の旅行）などがあります。旅行に出かける人にいう決まり文句にも使います。
Have a nice trip.（よいご旅行を）

tour は観光、視察などのため、計画に基づいて各地を周遊して、元へ戻ってくる旅行を指します。その例として、a motoring tour（自動車旅行)、a European tour（ヨーロッパ旅行）などに使います。

journeyは普通、陸上や空の比較的長くて、ときには大変な思いもする旅で、必ずしも戻ってくるとは限らないものを指します。go on a journey で「旅に出る」、take / make a journey (to...) で「(〜へ) 旅行をする」、「(人生の) 行路」の意味です。たとえば、come to the end of one's journey（旅行の目的地に到達する）のように用います。

voyage は船（あるいは飛行機）による、比較的遠方への長い旅を指します。make a voyage で「航海をする」になり、
Bon voyage.
はフランス語からきていて、「よいご旅行を」「ごきげんよう」の意味です。

旅行の感想の表現

The view was wonderful.（すばらしい景色でした）
The ocean was crystal clear.（海は透明で澄んでいました）
The people were very kind.（人々はとても親切でした）
The culture of that country is very different from ours.
（その国の文化は私たちとはずいぶん違います）

話題

スポーツ

どんなスポーツがお好きですか？

1 **What kind of sports do you like?**

ホワット カインドブ スポーツ ドゥー ユー ライク

テニスをするのが好きです。

2 **I like playing tennis.**

アイ ライク プレイング テニス

とてもいい運動になります。

3 **It's very good exercise.**

イッツ ベリイ グッ デクササイズ

スポーツはあまり得意ではありません。

4 **I'm not very good at sports.**

アイム ノット ベリイ グッダット スポーツ

スポーツを見るのは好きですか？

5 **Do you like watching sports?**

ドゥー ユー ライク ウォッチング スポーツ⤴

ええ、野球がとても好きです。

6 **Yes, I really like baseball.**

イエス アイ リアリイ ライク ベイスボール

野球の試合をかなりよく見に行きます。

7 **I go to baseball games quite often.**

アイ ゴウ トゥー ベイスボール ゲイムス クワイトーフン

そのうちに東京ドームへ行きましょう。

8 **Let's go to Tokyo Dome one day soon.**

レッツ ゴウ トゥー トウキョウ ドウム ワン デイ スーン

 WORDS [exercise] 運動、練習 [quite] かなり、まったく

POINT

話しかけのネタ

日本でも英語圏でも、たいていの人は何かスポーツをしたり、見たりして楽しんでいるのではないでしょうか。国の違う初対面の人とでも、スポーツに関することは一つの話題にできます。そんなとき、話のきっかけに例文1を使います。この文は sports を music（音楽）、books（本）、food（食べ物）などにいい替えることもできるので、覚えておくとたいへん便利な表現です。きっかけとしては他に、
Do you play any sports?（何かスポーツはなさいますか）
Do you play golf?（ゴルフはなさいますか）
といえます。その次に、
Where do you play?（どこでされるのですか）
How often do you play?（どれくらいの頻度でしますか）
などと続ければ、話も進んでいくでしょう。

例文2はいい替えて、
I enjoy playing tennis.
とすることもできます。すごく好きであれば、like を love にします。

例文3の be good at... は「～が得意です」の意味で、good を用いたいい方としては他に、
She is a good tennis player.（彼女はテニスが上手です）
のようなものがあげられます。

● スポーツの種類と「（スポーツを）する」の表現

play tennis（テニスをする）のように、play を用いるスポーツは主に球技で、play の後ろには冠詞（a、theなど）はつきません。play を用いないものでは、ski（スキーをする）のようにそのまま使えるものもあれば、日本の武道など practice（けいこする）を用いて practice judo（柔道をする）のようにいうものがあります。

＊play golf（ゴルフをする）、play baseball（野球をする）、play soccer（サッカーをする）、play rugby（ラグビーをする）、play basketball（バスケットボールをする）、play volleyball（バレーボールをする）

＊ski / skiing（スキーをする／スキー）、skate / skating（スケートをする／スケート）、box / boxing（ボクシングをする／ボクシング）、jog / jogging（ジョギングをする／ジョギング）、swim / swimming（泳ぐ／水泳）、wrestle / wrestling（レスリングをする／レスリング）、bowl / bowling（ボウリングをする／ボウリング）、dive / diving（もぐる／ダイビング）、hike / hiking（ハイキングをする／ハイキング）

＊practice kendo（剣道をする）、practice karate（空手をする）、practice aikido（合気道をする）

● その他の表現

I jog every morning.（毎朝ジョギングをします）
I prefer outdoor sports.（屋外のスポーツのほうが好きです）
I love marine / winter sports.（海／冬のスポーツが大好きです）
I like watching rugby.（ラグビーを見るのが好きです）
I'm not good at sports, but I like watching them.
（スポーツは苦手ですが、見るのは好きです）
I've been playing tennis since I was in high school.
（高校のときからテニスをやっています）
I just started taking lessons.（レッスンを受け始めたばかりです）
I'd like to try aerobics.（エアロビクスをやってみたい）

I've never tried ice skating.
(アイススケートはしたことがありません)
He excels in many sports. (彼はスポーツ万能です)
Football is very popular in America.
(フットボールはアメリカでとても人気があります)
Let's have a baseball game next Sunday.
(今度の日曜日に野球の試合をしましょう)
I'm crazy about professional baseball.(プロ野球に夢中です)
What is your favorite team? (好きなチームはどこですか)
Who is your favorite player? (好きな選手は誰ですか)
Who won? (どっちが勝ったのですか)
Our / their team won. (うちの/敵のチームが勝ちました)
The Mets lost the game to the Giants at 2 to 1.
(メッツはジャイアンツに2対1で負けました)
What's the score? (スコアはどうですか)
It was 3 to 2. (3対2でした)

読書

どんな本を読みますか？
1 **What kind of books do you read?**
ホワット カインドブ ブックス ドゥー ユー リード

探偵小説を読むのが好きです。
2 **I like reading spy novels.**
アイ ライク リーディング スパイ ノベルズ

好きな作家は誰ですか？
3 **Who is your favorite author?**
フー イズ ユア フェイバリット オーサー

私の好きな作家はトム・クランシーです。
4 **My favorite author is Tom Clancy.**
マイ フェイバリット オーサー イズ トム クランシイ

「レッド・オクトーバーを追え」は読みましたか？
5 **Have you read "The Hunt for Red October?"**
ハビュー レッド ザ ハント フォーレッド オクトウバー⤴

ええ、とてもわくわくしました。
6 **Yes, it was very exciting.**
イエス イット ワズ ベリイ イクサイティング

どこの本屋に行きますか？
7 **Which bookstore do you go to?**
ホウィッチ ブックストー ドゥー ユー ゴウ トゥー

ABC が一番良いものが揃っていると思います。
8 **I think ABC has the best selection.**
アイ スィンク エイビースィー ハズ ザ ベスト セレクション

 WORDS [author] 著者 [hunt] 追うこと [exciting] 興奮させる [selection] 選択

POINT

読書に関しての問いかけ

読書のことで人に話しかけるときのいい方の一つに、例文1があります。kind を type にいい替えることもでき、read（読む）は like（好き）でもいいでしょう。気をつけたいのは、多くの本の中からどんな種類の本を読むかということなので、kind of のあとは、books と複数にするところです。

他に、Have you read any good books lately?（最近、いい本を読みましたか）や、例文3と同じ形で、

What are your favorite books?（あなたの好きな本は何ですか）

と話しかけることができます。そのあと、例文4のように相手から好きな作家を聞いて、あまりよく知らない作家なら、

What is his most famous book?（彼の最も有名な本は何ですか）

と尋ねたり、本の題名を聞いたあとには、

What is the plot?（どんな話ですか）

と話を発展させることができます。plot は小説、脚本などの「筋」です。

読書後の感想

読書後の感想を人にいうとき、例文6のようないい方があります。その他、次のようないい方があります。

It was very interesting.（とてもおもしろかった）
I couldn't put it down.（やめることができませんでした）
I read it day and night.（休みなく読みました）
I finished it in two days.（2日で読み終えました）
It's not worth reading.（読む価値がありません）
It was boring.（退屈でした）
The story was too long.（話が長すぎます）

WORD LIST ●本の種類　**science-fiction**（SF＝空想科学小説），**novel**（小説），**literature**（文学），**classics**（古典），**short story**（短編小説），**detective story**（推理小説），**mystery**（ミステリー），**horror story**（怪奇小説），**biography**（伝記），**autobio-graphy**（自叙伝），**essay**（随筆），**poetry**（詩），**mythology**（神話），**fairy tale**（おとぎ話），**anthology**（選集），**translated version**（翻訳版）

話題

映画

何かいい映画をやっていますか？

1 Are there any good movies playing?

アー ゼア エニイ グッ ムービィズ プレイング♪

「羊たちの沈黙」を見るといいですよ。

2 You should see "The Silence of the Lambs."

ユー シュッド シー ザ サイレンスォブ ザ ラムス

それはどんな映画ですか？

3 What kind of movie is it?

ホワット カインドブ ムービー イズィット

スリラーだと思います。

4 I guess it's a thriller.

アイ ゲス イッツァ スリラー

私は恋愛もののほうが好きです。

5 I prefer love stories.

アイ プリファー ラブ ストーリイズ

私はそういうものをあまり見ていません。

6 I haven't seen many of those.

アイ ハブント シーン メニイ オブ ゾウズ

あなたの好きな俳優はだれですか？

7 Who is your favorite actor?

フー イズ ユア フェイバリット アクター

トム・クルーズが大好きです。

8 I really like Tom Cruise.

アイ リアリイ ライク トム クルーズ

 WORDS [lamb] 子羊 [guess] 推測する、～だと思う [thriller] スリラー（怪奇もの）

POINT

映画と映画館

「映画」を表すときに、個々の映画を指す場合、アメリカでは主にmovieを用い、イギリスではfilm、pictureを用います。また、芸術、娯楽としての映画を指す場合は、アメリカでthe movies、イギリスで主にthe cinema、the films、the picturesといいます。「映画館」は、アメリカならmovie theaterですが、movieだけでも映画館の意味があり、またtheater（劇場）だけで用いることもあります。イギリスではcinemaが映画館の意味でも使われています。日本の映画館では、上映中のおしゃべりはさほど多くないようですが、アメリカなどでは映し出されるシーンに一喜一憂、感動をストレートに表すので、他人の騒音に悩まされることも多いようです。なお、日本のような映画のプログラムやちらしは、海外にありません。おみやげにすすめてもいいでしょう。

WORD LIST ●映画の種類　**thriller**（スリラー）, **love story**（恋愛もの）, **comedy**（喜劇）, **western**（西部劇）, **documentary**（ドキュメンタリー）, **adventure**（冒険）, **science fiction**（SF）, **horror**（恐怖、怪奇）, **animation**（アニメーション）, **war**（戦争）, **action-packed**（アクション）

音楽

ポピュラー（流行）音楽は好きですか？

1 **Do you like pop music?**

ドゥー ユー ライク ポップ ミュージック♪

ロックンロールがすごく好きです。

2 **I really like rock-n-roll.**

アイ リアリイ ライク ロックンロール

私はクラッシック音楽のほうが好きです。

3 **I prefer classical music.**

アイ プリファー クラシカル ミュージック

よくそれを聴いています。

4 **I listen to it a lot.**

アイ リッスン トゥー イッタ ロット

コンサートへよく行きますか？

5 **Do you go to concerts often?**

ドゥー ユー ゴウ トゥー コンサーツォーフン♪

機会があるときはいつでも。

6 **Whenever I get a chance.**

ホウェネバー アイ ゲッタ チャンス

もっとよく行けるといいのですが。

7 **I wish I could go more often.**

アイ ウィッシュ アイ クッド ゴウ モー ローフン

あなたの好きなグループは何ですか？

8 **Who is your favorite group?**

フー イズ ユア フェイバリット グループ

 WORDS [**pop**] = popular（ポピュラー、大衆的な）の略　[**classical**] クラシックの、古典の

POINT

音楽の好みについて

音楽の話題で、その人の好みについて尋ねる場合、例文1のようにDo you like...?（～は好きですか）を使う他に、
What kind of music do you like?（どんな音楽が好きですか）ということができます。また、自分の好みをいう場合は、例文2のI really like...（私は～がとても好きです）、あるいはI enjoy listening to...（～を聴くのが好きです）を用います。～には、音楽の種類を入れますが、例文1、2、3のpop(popular) music、rock-n-roll、classical musicの他に、jazz（ジャズ）、the blues（ブルース）、country and western（カントリーウエスタン）、soul music（ソウルミュージック）、instrumental music（器楽曲）などがあります。作曲家の名前を入れてもかまいません。

例文8のWho is your favorite...?は、もっと具体的に演奏者などの好みを尋ねるいい方です。～にはgroup（グループ）の他に、band（バンド）、singer（歌手）、performer（演奏者）、musician（音楽家）、orchestra（オーケストラ）、composer（作曲家）、conductor（指揮者）などを入れて尋ねます。

好きな歌や曲を尋ねたいときは、
What is your favorite song?（あなたの好きな歌は何ですか）と聞きましょう。

楽器

音楽が好きということでも、
I like listening to music.（音楽鑑賞が好きです）
I like playing the piano.（ピアノを弾くのが好きです）
の2文のように、鑑賞を指す場合と、楽器演奏を指す場合があります。はっきり「何か楽器をやりますか」と相手に尋ねる場合は、
Do you play some musical instrument?
といいます。「（楽器を）演奏する」はplay the...で表します。～には、guitar（ギター）、violin（バイオリン）、trumpet（トランペット）、cello（チェロ）、saxophone（サキソホーン）などの楽器が入ります。

美術

1 美術に興味はありますか？
Are you interested in art?
アー ユー インタレスティッディン ナート↗

2 ええ、よく美術館へ行きます。
Yes, I go to museums often.
イエス アイ ゴウ トゥー ミュージアムズォーフン

3 どの美術館へ行かれたのですか？
Which museums have you been to?
ホウィッチ ミュージアムズ ハビュー ビーン トゥー

4 上野美術館へよく行きます。
I go to Ueno Museum frequently.
アイ ゴウ トゥー ウエノ ミュージアム フリークェントリイ

5 あなたの好きな画家は誰ですか？
Who is your favorite painter?
フー イズ ユア フェイバリット ペインター

6 ルノワールの絵がとても好きです。
I like Renoir's pictures a lot.
アイ ライク ルノワールズ ピクチュァーズ ア ロット

7 彼は印象派の画家です。
He is an impressionist.
ヒーィズァン ニンプレッショニスト

8 印象派の絵は日本で人気があります。
Impressionist pictures are popular in Japan.
インプレッショニスト ピクチャーズァー ポピュラー イン ジャパン

 WORDS [**frequently**] たびたび、頻繁に [**impressionist**] 印象派の画家、印象派の

POINT

同じ表現を繰り返さない

例文4のfrequently は「たびたび、しばしば」の意味なので、これは often にしてもよさそうです。しかしここでは、例文2ですでに often が用いられているので、同じ会話で続けて同じ表現を繰り返さないために、frequently が使われているわけです。

例文5は painter(画家)の代わりに artist を用いることもできます。artist は「芸術家」の他に「画家」の意味もあるからです。例文7、8の impressionist は「印象派の画家」、「印象派の」の意味があります。「印象派（主義)」は impressionism といいます。

絵の種類

「絵」を意味するのは picture で、painting は同じ絵でも彩色画を意味します。無彩画は drawing で、これはデッサンや素描の意味です。「絵をかく」は draw a picture、絵の具を使ってかくのは paint a picture となります。「油絵」は oil painting、「水彩画」は water color、「日本画」は Japanese style painting です。他に、sketch（スケッチ、写生)、illustration（イラスト、挿絵）などがあります。

WORD LIST ●美術に関する言葉　**art exhibition**（美術展），**modern art**（近代美術），**artist**（芸術家、画家），**master**（大家），**print**（版画），**woodcut**（木版画），**woodblock print**（木版画），**lithograph**（リトグラフ＝石版画），**etching**（エッチング＝銅版画），**sculpture**（彫刻），**sculptor**（彫刻家），**statue**（彫像）

話題

LET'S TAKE A BREAK

＼ 伝え方いろいろ　その② ／
命令、依頼など

「～しなさい」「～してはいけない」

Do (Don't do) it. (一般的な命令文)
You must (must not) do it. (主観的な命令)
You have (don't have) to do it.(客観的に見た必要性。口語的)
You have got to do it.(さらに口語的。否定形は上と同じ文になる)
You should (should not) do it. (～すべきだ)
You ought (ought not) to do it.(さらに意味が強まったいい方。～するはずだ)
You had better (had better not) do it. (～したほうがよい)

「～しよう」

Will you do it? (相手の意志を尋ねる)
Won't you do it? (なれなれしい感じのいい方)
Let's (not) do it. (くだけたいい方)
Shall we do it? (親しみをこめたいい方)
Why don't we do it? (親しい間柄でのいい方)
Why not? (くだけたいい方)
Would you like to do it? (一般的でていねいないい方)
How would you like to do it? (ていねいないい方)
How about doing it? (親しい間柄でのいい方)

「～してもいいですか」

Can I do it? (親しい間柄で用いる)
—— Yes, you can. / No, you can't.
May I do it? (目上の人に用いる)
—— Yes, you may. / Yes, please. / Yes, certainly. / Sure. / No, you may not.
Do you mind doing / if I do it? (ていねいないい方)
—— No, not at all. / Of course not. / Certainly not. / No, I don't. / Yes, I do.
(mindは「～を嫌がる」の意味で、Yesと答えると「嫌です」となる)

PART 5

ビジネス

Business

名刺交換

あなたにお会いできてうれしいです。

1 **It's nice to meet you.**

イッツ ナイス トゥー ミーチュー

私の名刺です。

2 **Here is my business card.**

ヒアリズ マイ ビジネス カード

これはどう読むのですか？

3 **How do you read this?**

ハウ ドゥー ユー リード ディス

これはどう発音するのですか？

4 **How do you pronounce this?**

ハウ ドゥー ユー プロナウンス ディス

名刺を切らしているようです。

5 **I seem to be out of cards.**

アイ シーム トゥー ビー アウトブ カーズ

トムと呼んでください。

6 **Please call me Tom.**

プリーズ コール ミー トム

この番号に電話してください。

7 **Please call me at this number.**

プリーズ コール ミー アット ディス ナンバー

この番号で直接私にかかります。

8 **This is my direct number.**

ディスィズ マイ ダイレクト ナンバー

 WORDS [card] カード [pronounce] 発音する [direct] 直通の

POINT

名刺はその場で確認する

「名刺」は business card といいます。日本では初対面のとき名刺を交換しますが、欧米では握手するのが習慣となっています。ですから、日本の習慣を知らない外国の人には、次のように説明するといいでしょう。

There is a custom in Japan to exchange business cards when meeting for the first time.

（初対面のとき名刺を交換する習慣が日本にはあります）

日本で仕事をしている外国人の多くは名刺を持っているので例文1や、

How do you do?（はじめまして）

My name's...（〜と申します）

のような初対面のあいさつを交わして、名刺を出します。例文2の Here is... は「ここに〜があります」という意味です。名刺を出されたら、すぐにポケットやかばんにしまわないで、名刺に書いてあることをその場で確認しておきます。このとき、読み方がわからなければ、例文3や4のようにいいます。発音しにくい外国の人名はもちろん、聞きなれた名前でも発音の正確さにこだわる人もいますから、一度はその場で、口に出していったほうがいいでしょう。会話では、例文6のようにファーストネーム（名）で呼んでくださいといわれるまでは、男性なら Mr.、女性なら Ms. をつけてラストネーム（姓）で相手の名前を呼びます。親しくなったら自分から例文6や

Why don't you call me Tom?

（どうしてトムと呼ばないの。トムと呼んでいいよ）

と、折り合いを見ていうのもいいでしょう。

握手の仕方

日本の習慣が名刺交換なら、欧米の習慣の握手についても知っておくべきでしょう。握手をするときに、ついおじぎをしてしまう人がいますが、見栄えも悪く、奇異な感じを持たれます。相手の目を見てしっかりと手を握ります。この初対面の握手で、その人の印象がある程度決まります。特にビジネスの場では迫力負けしないよう、多少の演出も必要です。

会社案内

受付で私を尋ねてください。

1 **Please ask for me at reception.**

プリーザスク フォー ミー アット レセプション

私がご案内しましょう。

2 **I will show you around.**

アイ ウィル ショウ ユー アラウンド

こちらへどうぞ。

3 **This way, please.**

ディス ウェイ プリーズ

会議室はちょうどここです。

4 **The meeting room is right here.**

ザ ミーティング ルームィズ ライト ヒア

トイレはその角の辺りです。

5 **The rest rooms are around the corner.**

ザ レスト ルームスァー アラウンド ザ コーナー

この階は禁煙です。

6 **There is no-smoking on this floor.**

ゼアリズ ノウスモーキングォン ディス フロー

これが私の机です。

7 **This is my desk.**

ディスィズ マイ デスク

階下に自動販売機があります。

8 **There are vending machines down stairs.**

ゼアラー ベンディング マシーンズ ダウン ステアズ

WORDS [reception] 受付 [rest room] トイレ [vending machine] 自動販売機

POINT

受付で

受付などで来客にていねいな応対をするときは、まず、

May I help you?（どういうご用件でしょうか）

といいます。

Can I help you?

でもいいのですが、May I...? のほうがよりていねいないい方になります。

客のほうは

My name is...（～と申します）

と名乗り、

I have an appointment with Mr...at ten.

（～さんと10時にお会いすることになっています）

と続けます。そうすれば会いたい人を呼び出してくれるでしょう。

案内の仕方

例文2のように、「(人を) 案内する」は show（a person）で表します。around は「周囲を、辺りを」の意味です。他の例では、

He showed me around town.

（彼は私に町を案内して回ってくれました）

のように使い、例文3のように This way, please. と続けます。これは、

Please come this way.

の省略形で、非常にていねいにいわなければならないときには、こちらの元の形を用います。エレベーターなどでは、

After you.（お先にどうぞ）

を使います。

場所の教え方

場所を教えるのに、例文4や5がありますが、他に、

The elevator is at the end of this hallway.

（エレベーターはこの廊下のつきあたりです）

というい方もよく使われるでしょう。at the end of...（～のつきあたり）は覚えておくと便利です。

勧誘

月曜の午後はお忙しいですか？
1 **Are you busy Monday afternoon?**
アー　ユー　ビズィ　マンデイ　アフタヌーン↗

何か予定はありますか？
2 **What do you have planned?**
ホワット　ドゥー　ユー　ハブ　プランド

セミナーがあるのですが。
3 **There is a seminar.**
ゼアリズァ　セマナー

どんなセミナーですか？
4 **What kind of seminar?**
ホワット　カインドブ　セマナー

パソコンについてです。
5 **It's about personal computers.**
イッツァバウト　パーソナル　コンピューターズ

出席しますか？
6 **Will you attend?**
ウィル　ユー　アテンド↗

他の人にも知らせてください。
7 **Please tell others about it.**
プリーズ　テルァザーズ　アバウティッド

そこで会いましょう。
8 **See you there.**
シー　ユー　ゼア

WORDS [seminar] セミナー、研究集会　[personal computer] パソコン

POINT

予定を聞いてから

人を誘うときは、まずその日時が空いているかどうかを尋ねます。そこで、例文1のように Are you busy...?（～は忙しいですか）、あるいは、Are you free...?（～は空いていますか）を使います。用がないようならば、例文3のように There is...（～があります）とか、Would you like to attend...?（～に出席しませんか）と誘ってみましょう。

誘われた場合

誘われて例文6のように聞かれたなら、出席する場合は、
Yes, I will.（ええ、そうします）
と答えるだけでもかまいません。しかし、出席できない場合は、
I'm sorry, I can't attend.（すみません、出席できません）
といってから、
I have other plans.（他の予定があります）
I have another appointment.（他の約束があります）
と、断る理由をいう必要があります。そして最後には、
Thank you for asking me anyway.（誘ってくださってありがとう）
Please ask me again.（また声をかけてください）
とつけ加えましょう。これなら、相手だって気を悪くしないはずです。

ビジネス

電話（電話を受ける①）

ABC 会社でございます。ご用件は何でしょうか。

1 **This is ABC Company. May I help you?**

ディスィズ エイビースィー カンパニイ メイ アイ ヘルピュー♪

彼は話し中です。

2 **His line is busy.**

ヒズ ライン ニズ ビズィ

彼女は会議中です。

3 **She is at a meeting.**

シー イズ アッタ ミーティング

佐藤は今、外出中です。

4 **Mr. Sato is out right now.**

ミスタ サトウ イズァウト ライト ナウ

あとでお電話させましょうか。

5 **Shall I have him call you back later?**

シャライ ハブ ヒム コーリュー バック レイター♪

折り返しお電話させましょうか。

6 **Should he return your call?**

シュッド ヒー リターン ニュア コール♪

誰か他の人に代わりましょうか。

7 **Would you like to speak with someone else?**

ウッジュー ライク トゥー スピーク ウィズ サムワン ネルス♪

伝言をお受けしましょうか？

8 **May I take a message?**

メイ アイ テイカ メッセイジ♪

 WORDS [line] 線、電話回線

POINT

Hello. はいわない

会社などで電話を受けるときは、自宅で受けるときと違って Hello. をいわないで最初から This is... と会社の名前をいいます。続いて May I help you? と用件を尋ねます。

不在以外で電話に出られないとき

指名された人が不在のときには、I'm sorry、または I'm afraid のあとに、例文4などをいえばいいでしょう。しかし、不在の他にも電話に出られない理由はいろいろあります。例をあげるのでシーンによって使いわけましょう。

▶他の電話に出ている

他の電話に出ているときは、例文2のいい方の他、
He is on another phone.（他の電話に出ています）
もあります。そのあとには、
Would you like to wait?（お待ちになりますか）
あるいは例文5、6、7、8などの言葉を続けます。例文8は、
Shall I take a message?（伝言をお受けしましょうか）
ということもできます。逆に電話をかけたほうが、
Can I wait?（待たせてもらっていいですか）
I'd like to leave a message?（伝言を残したいのですが）
といってもよいでしょう。

▶会議中

「会議中です」というとき、簡単な会議なら例文3の meeting を用いますが、正式な会議の場合は、conference を使い、
He is in conference.
となります。

▶席にいない

どこにいるかわからないけれども、とにかく席にいない場合には、
She is not at her desk.（彼女は席にいません）
といいます。休暇を取っているときは、次のようにいいます。
He is off this week.（彼は今週は休みです）

ビジネス

電話に出られないけれど……

例文3、4はその場にいない例ですが、その場にいても電話に出られないことがあります。たとえば、

She is on another phone.（他の電話に出ています）

He's tied up at the moment.（彼は今、手がはなせません）

という場合です。tie は「結ぶ」の意味で、be tied up で「(人が) 忙しい、縛られている」の意味になります。かけなおすといって断ってもらってもいいのですが、とりあえず自分で出なければいけないときは、

Let me call you back later.（あとでかけなおします）

のようにいって、いったん切りましょう。どれくらいかわかっているときは、later の代わりに in ten minutes（10分後に）などと、時間をいいます。

時刻のいい方、書き方

電話を受けると、かかってきた時間やかけなおす時間など、正しく伝えなければなりません。ここで、まとめておきましょう。

It's eleven o'clock.（11:00）

It's eleven o three. / three after eleven.（11:03）

It's eleven fifteen. / fifteen after eleven. / a quarter after eleven.（11:15）

It's eleven thirty. / half after eleven.（11:30）

It's eleven forty-five. / fifteen to twelve. / a quarter to twelve.（11:45）

It's eleven fifty-four. / six to twelve.（11:54）

「〜過ぎ」を表す after は past でもよく、「〜前」を表す to は before か of でもかまいません。half は「30分」、quarter は「15分」、o'clock は「ちょうど〜時」です。「午前中」を表す a.m. と「午後」を表す p.m. は、大文字でもかまいませんが、ピリオドを忘れないようにします。

書き方の決まりには、次のようなことがあげられます。

＊a.m.、p.m.は、数字のときのみつける（eight a.m.としない)。

＊a.m.、p.m.と o'clock、in the morning、in the afternoon、at

nightとは一緒にしない。o'clockを使ったいい方のほうが、a.m.やp.m.を使った表現より正式になる（9 o'clock in the morningのように、o'clockとin the morningなどは一緒に使える）。

＊o'clockは、half、quarterと一緒に使えるが、thirty、fifteen、forty-fiveと書いたときには使えない（four thirty o'clockといわない。half past six o'clockは可）。

＊noon（正午）、midnight（真夜中）は、その単語のみで、12:00 p.m.や12:00a.m.を表し、twelve noon / midnightといわなくていいが、一つの文章の中で、他の時間が数字で表されているときには、12 noon、12 midnightの形を使う。

Our lunch time is from 12 noon to 1 p.m.
（お昼休みは正午12時～1時までです）

▶正しい書き方

at 8:00、at eight、at 8 o'clock、at eight o'clock、at 8:00 a.m.、at eight in the morning、at 8 o'clock in the morning、at eight o'clock in the morning

eleven o'clock

eleven o five
five after eleven

eleven fifteen
a quarter after eleven

eleven fifty-five
five before twelve

eleven forty-five
fifteen before twelve
quarter to twelve

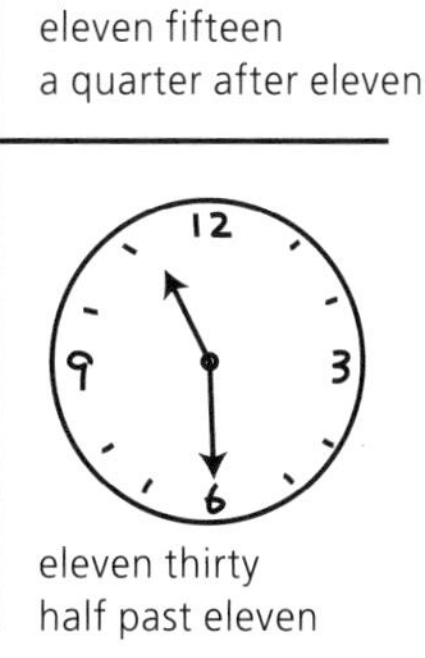

eleven thirty
half past eleven

電話（電話を受ける②）

どちらさまでしょう？

1 **May I ask who's calling, please?**

メイ アイ アスク フーズ コーリング↗ プリーズ

そのつづりをいってくださいますか？

2 **Would you please spell that?**

ウッジュー プリーズ スペル ザット↗

お待ちください。

3 **Hold on, please.**

ホウルドン プリーズ

彼に電話をお回しします。

4 **I'll transfer your call to him.**

アイル トランスファー ユア コール トゥー ヒム

お待たせしてすみません。

5 **Sorry to keep you waiting.**

ソーリイ トゥー キーピュー ウェイティング

ジョン・スミスです。

6 **John Smith speaking.**

ジョン スミス スピーキング

お電話があったことをお伝えします。

7 **I will tell him you called.**

アイ ウィル テル ヒム ユー コールド

お電話ありがとうございました。

8 **Thank you for calling.**

サンキュー フォー コーリング

 WORDS [tranfer] 移す、渡す

POINT

名乗らない相手に

This is...May I help you?（～でございます。ご用件は何でしょう）といっても、相手が名乗らない場合は、例文1を使っててていねいに尋ねます。他にもいい方はありますが、会社ではていねいさが要求されるので、例文1を使っておけば、まず、安心です。下の2文を使うこともできます。

May I have your name, please?
Who is speaking, please?

名乗られた名前が聞き取りにくいときは、例文2のようにつづりを尋ねて正確に聞き取るようにします。

人に取り次ぐとき

同じオフィスで、他の人への電話を受けたとき、例文3の「そのまま少しお待ちください」には、いろいろいい替えがあります。

Please hold on a second.
Just a minute, please.
One moment, please.
Hold on the line, please.

以上のような一言があってから、呼び出すべき人につなぎます。

電話を回す

電話を内線などで回すとき、例文4のように、tranfer という単語を用いて、相手にことわりを入れ、

Mr..., you're wanted on the phone.（～さん、お電話ですよ）
Mr..., here's a phone call for you from...
（～さん、～さんからお電話です）

といって電話をつなぎます。もし、電話をかけてみたら、関係のないところにかかってしまったという場合には、

Please transfer this call to...（～に回してください）

といいましょう。to のあとは、人でも、部署でもかまいません。

電話に出る人は、例文6のようにいえばいいのです。そして、電話の最後には、例文8を忘れずにつけます。

ビジネス

電話（電話をかける）

ABC 銀行です。

1 **This is ABC Bank.**

ディスィズ エイビースィー バンク

DEF の佐藤と申します。

2 **This is Mr. Sato of DEF.**

ディスィズ ミスタ サトウ オブ ディーイーエフ

ブラウンさんをお願いします。

3 **I'd like to speak to Mr.Brown.**

アイドゥ ライク トゥー スピーク トゥー ミスタ ブラウン

内線の 456 をお願いします。

4 **Extension 456, please.**

イクステンション フォーファイブシックス プリーズ

すみませんが話し中です。

5 **I'm sorry, the line is busy.**

アイム ソーリイ ザ ライン イズ ビズィ

お待ちします。

6 **I'll hold.**

アイル ホウルド

また、かけなおします。

7 **I'll call back again.**

アイル コール バッカゲイン

電話があったことを彼にお伝えください。

8 **Please tell him I called.**

プリーズ テル ヒム アイ コールド

 WORDS [extension] 内線

POINT

会社名もいう

仕事の電話で自分の名前を名乗るときは、例文2のように This is...of...と、of 以下に自分の会社や所属をつけていいます。「～さんをお願いします」は例文3のように、I'd like to speak to...、または、May I speak to..., please? といいます。かける相手の名前と同じ名前の人がもう1人いて、

We have two Browns. (ブラウンは2人います)

といわれたら、名前のあとに所属をいえばいいでしょう。たとえば、Mr. Brown, in the finance section (経理部のブラウンさん) というようにです。

交換手を通すとき、「～につないでください」は、

Would you connect me to...?

といいます。例文4のように Extension..., please. だけでも問題はありません。もちろん、May I...? を使ってきちんということもできます。

May I have extention...? (内線――をお願いできますか)

相手に出てもらえないとき

相手が電話に出られないようなときは、例文6、7、8などのようにいう例がありますが、他にも、

Can I leave a message for him?(彼に伝言を残していいですか)

Would you ask him to call me when he gets back?

(お帰りになりしだいお電話をいただけますか)

が使えます。逆に自分がいないときに電話があり、伝言などで折り返し電話をかけるときには、

I'm returning your call.(お電話をいただいたので電話しています)

といいましょう。

ビジネス

遅刻、早退

遅れてすみません。
1 **Sorry, I'm late.**
ソーリイ アイム レイト

お待たせしてすみません。
2 **Sorry to keep you waiting.**
ソーリイ トゥー キーピュー ウェイティング

電車が遅れました。
3 **My train was late.**
マイ トゥレイン ワズ レイト

タクシーがつかまらなかったのです。
4 **I couldn't find a taxi.**
アイ クドゥント ファインダ タクシ

早退しなくてはなりません。
5 **I have to leave early.**
アイ ハーフ トゥー リーブ アーリー

約束があります。
6 **I have an appointment.**
アイ ハブァン ナポイントメント

遅くなります。
7 **I will be coming in late.**
アイ ウィル ビー カミンギン レイト

10時ごろ行きます。
8 **I will be in around ten o'clock.**
アイ ウィル ビー イン ナラウンド テン ノクロウク

POINT

遅れたいい訳をする

遅刻してあやまるとき、例文1を使います。きちんと略さずにいうなら、
I'm sorry I'm late.
となります。また、だいぶたってから「今朝仕事に遅れた」というのは、
I was late for work this morning.
となります。上司からは、
Why are you late?（なぜ遅れたのか）
と聞かれるか、くだけたいい方では、
What happened?（どうしたのか）
または、excuse（いい訳）を用いて、
What is your excuse for being late?（遅れた理由は何なのか）
と尋ねるでしょう。そのいい訳として例文3や4があります。他に考えられるものとしては、
I got up late.（寝ぼうしました）
I missed the bus.（バスに乗り遅れました）
などが考えられます。
もし、あなたが上司ならば、
Try and watch it.（気をつけるようにしなさい）
と注意をしたらいいでしょう。
例文7、8は何かの理由で遅刻しそうなときに、前もって電話などで伝えておくときのいい方です。

早退のいい訳

早退するときは例文5のようにいいます。その理由は例文6や、
I'm not feeling well.（体の調子がよくないのです）
のようにいいます。

ビジネス

著者 Betty Palen（ベティ・ペイレン）

日本生まれ。中学・高校・大学と日本で学び、大学時代には企業の英会話講師を務める。上智大学国際学部（東洋学専攻）を卒業後、ニューヨークにて会社秘書を務め、その後再び日本に。本書では、両国語に堪能な立場から、実生活に役立つ生きた会話例を解説している。

著者 松岡美代子（まつおか みよこ）

三重県生まれ。日本航空国際線スチュワーデスを経て専門学校の英会話非常勤講師を務める。役立つ英会話を身につけようとする人たちのために、日航時代の豊富な海外経験が、本書でおおいに生かされている。

イラスト	福々ちえ、津田蘭子
デザイン	八木孝枝
DTP	株式会社センターメディア
CD制作	爽美録音株式会社
制作協力	CRAIG SWARTHOUT、CACY SWARTHOUT、 CAROLYN MILLER、込山順子、岡田都子、久末絹代
編集協力	株式会社スタジオポルト、株式会社カルチャー・プロ

※本書は、当社ロングセラー『CD付き 一番やさしい基本の日常英会話』（2012年6月発行）をリニューアルし、書名等を変更したものです。

新版 一番やさしい基本の日常英会話 CDつき

著　者	Betty Palen 松岡美代子
発行者	若松和紀
発行所	株式会社 西東社 〒113-0034　東京都文京区湯島2-3-13 https://www.seitosha.co.jp/ 電話　03-5800-3120（代）

※本書に記載のない内容のご質問や著者等の連絡先につきましては、お答えできかねます。

ISBN 978-4-7916-2991-6